Cultura e Estado

OS LIVROS DO OBSERVATÓRIO

O Observatório Itaú Cultural dedica-se ao estudo e divulgação dos temas de política cultural, hoje um domínio central das políticas públicas. Consumo cultural, práticas culturais, economia cultural, gestão da cultura, cultura e educação, cultura e cidade, leis de incentivo, direitos culturais, turismo e cultura: tópicos como esses impõem-se cada vez mais à atenção de pesquisadores e gestores do setor público e privado. Os LIVROS DO OBSERVATÓRIO formam uma coleção voltada para a divulgação dos dados obtidos pelo Observatório sobre o cenário cultural e das conclusões de debates e ciclos de palestras e conferências que tratam de investigar essa complexa trama do imaginário. As publicações resultantes não se limitarão a abordar, porém, o universo limitado dos dados, números, gráficos, leis, normas, agendas. Para discutir, rever, formular, aplicar a política cultural é necessário entender o que é a cultura hoje, como se apresenta a dinâmica cultural em seus variados modos e significados. Assim, aquela primeira vertente de publicações que se podem dizer mais técnicas será acompanhada por uma outra, assinada por especialistas de diferentes áreas, que se volta para a discussão mais ampla daquilo que agora constitui a cultura em seus diferentes aspectos antropológicos, sociológicos ou poéticos e estéticos. Sem essa dimensão, a gestão cultural é um exercício quase sempre de ficção. O contexto prático e teórico do campo cultural alterou-se profundamente nas últimas décadas e aquilo que foi um dia considerado clássico e inquestionável corre agora o risco de revelar-se pesada âncora. Esta coleção busca mapear a nova sensibilidade em cultura.

Teixeira Coelho

CULTURA E ESTADO

A política cultural na França, 1955-2005

Textos escolhidos
Geneviève Gentil e Philippe Poirrier

Seleção para a edição brasileira
Teixeira Coelho

Coleção Os livros do Observatório
Dirigida por Teixeira Coelho

Título original
La politique culturelle en débat: Anthologie, 1955-2005
Textos reunidos e apresentados por Geneviève Gentil e Philippe Poirrier.
© La Documentation Française

Copyright © 2012
Itaú Cultural

Copyright © desta edição
Editora Iluminuras Ltda.

Capa
Michaella Pivetti

Foto da capa
Imagem extraída do site www.sxc.hu
Agradecimentos à fotógrafa Simona Dumitru (Romênia)

Tradução
Ana Goldberger

Revisão
Ana Luiza Couto

CIP-BRASIL. CATALOGAÇÃO-NA-FONTE
SINDICATO NACIONAL DOS EDITORES DE LIVROS, RJ

P829

Cultura e estado : a política cultural na França, 1955-2005 / introdução e organização
    Philippe Poirrier, Geneviève Gentil ; [tradução Ana Goldberger]. - São Paulo :
Iluminuras : Itaú Cultural, 2012.
    114p. : 23 cm

    ISBN 978-85-7321-365-2 (Iluminuras)
    ISBN 978-85-7979-026-3 (Itaú Cultural)

    1. Política e cultura - França. 2. França - Política cultural.
    I. Instituto Itaú Cultural. I. Poirrier, Philippe. II. Gentil, Geneviève.

12-0373.   CDD: 301.0944
                    CDU: 316(44)

18.01.12 19.01.12   032704

2012
EDITORA ILUMINURAS LTDA.
Rua Inácio Pereira da Rocha, 389 - 05432-011 - São Paulo - SP - Brasil
Tel./Fax: 55 11 3031-6161
iluminuras@iluminuras.com.br
www.iluminuras.com.br

SUMÁRIO

Política cultural: uma história comum, 11
  Teixeira Coelho

Introdução, 17
  Philippe Poirrier

A República e as Belas-Artes, 41
  Jeanne Laurent

Por um Ministério das Artes, 47
  Robert Brichet

A cultura e o Estado, 51
  Gaëtan Picon

Devemos preparar o futuro, 55
  Joffre Dumazedier

Os museus e seus públicos, 57
  Pierre Bourdieu

Intervenção na Assembleia Nacional em 9 de novembro de 1967, 61
  André Malraux

Por uma política cultural, 65
  Jacques Charpentreau

Asfixiante cultura, 69
  Jean Dubuffet

Extratos do discurso sobre o orçamento na
Assembleia Nacional, em 9 de novembro de 1973, 73
  Maurice Druon

Espaços e costumes, 77
  Michel de Certeau

Indústrias culturais, 81
  Augustin Girard

Cultura, nobreza do mundo, história de uma política, 87
  Pierre Emmanuel

O primeiro dentre os patrimônios é o homem, 93
  François Mitterrand

Trechos da intervenção do ministro da Cultura na conferência
mundial dos ministros da Cultura, México, 27 de julho de 1982, 97
  Jack Lang

A derrota do pensamento, 101
  Alain Finkielkraut

Relatório sobre a descentralização cultural, 103
  René Rizzardo

O signo do sucesso, 111
  Jack Lang

O Estado cultural. Ensaio sobre uma religião moderna, 117
  Marc Fumaroli

Em defesa do apoio público à criação artística, 121
  Joëlle Farchy e Dominique Sagot-Duvauroux

Sobre os organizadores, 125

POLÍTICA CULTURAL: UMA HISTÓRIA COMUM

Teixeira Coelho

Como disciplina do conhecimento, a Política Cultural é, antes de mais nada, comparativa. Como o Direito. As propostas, as conquistas, os fracassos, os impasses em política cultural num determinado lugar servem para que um outro lugar queime etapas em seu processo, se beneficie dos erros cometidos por outros e dos acertos por eles conseguidos.

Isso explica os motivos de publicar-se, no Brasil, um livro sobre a história da política cultural na França. O título da edição original deste livro falava de um debate *ao redor daquela política cultural*, mas este é, na verdade, um livro *de* história da política cultural na França. *História viva, feita pelos que a promoveram, a partir de documentos de época, muito mais do que uma história "tradicional", narrada depois dos fatos por muitos dos que a viveram em seu próprio momento.*

O arco de tempo coberto por estas páginas é amplo: são cinquenta anos que prestam contas do que se pensou e se fez naquele país entre 1955 e 2005, e que aqui aparece nas palavras de ministros da cultura, sociólogos, artistas , filósofos e presidentes da república.

É um livro de História e uma coletânea sobre um debate vivo que se fez e que se repete e renova continuamente uma vez que nada ainda passou, nenhum processo se encerrou, nada foi efetivamente conquistado ou perdido. Nem mesmo num país como França, onde o orçamento para a cultura chegou a ser, em dado momento, maior que o do Ministério das Relações Exteriores e, mesmo, que o do Meio Ambiente (de fato, que melhor instrumento do que a cultura para umas relações exteriores bem-sucedidas? E de que meio ambiente se pode falar sem que nele se inclua a cultura?).

Se há algo que estas páginas deixam em evidência é a precedência política, na França, de tantos temas e propostas que levaram anos e décadas para chegar com força a países como o Brasil. Mesmo se a Inglaterra praticava desde o século XIX uma política cultural que ainda não tinha esse nome, a França inovou em vários aspectos, desde a criação do Ministério da Cultura em 1959 até o conceito de desenvolvimento com cultura ainda nos anos 1960;

e do lugar da cultura na educação, também na década de 1960, às questões da indústria cultural nos anos 1970; ou das relações entre cultura e economia no início dos anos 1980 ao tema da exceção cultural, *nessa mesma década e que levaria ainda algum tempo para ser conhecido universalmente pelo atual rótulo da* diversidade cultural *que a Unesco iria consagrar numa declaração já no século XXI.*

O percurso dessas ideias e práticas não foi linear, como deixam claro estas páginas. Avanços e recuos se sucederam com frequência. A própria ideia da necessidade de um Ministério da Cultura e do que se deveria ou não apoiar nunca foi pacífica. De André Malraux, que entendia ser dever do Estado colocar as mais altas criações do espírito humano ao alcance de todos, àqueles que defendiam o amparo também às formas comuns e cotidianas da cultura, tudo foi tema de debate, por vezes áspero e direto. Artistas como Jean Dubuffet recusaram, não tanto a asfixia da cultura, como a asfixiante presença do Estado na cultura. E pensadores como Alain Finkielkraut se insurgiram contra a ascendência do relativismo cultural que se recusava e se recusa ainda a distinguir entre Shakespeare e uma novela de TV, um relativismo que afirma que tudo vale a mesma coisa em cultura, um jogo de futebol tanto quanto um concerto de música erudita. Todo esse percurso, essas paixões, surgem retratados nestas páginas.

E se há algo que elas deixam evidente é a intensidade adquirida por estas questões na França, com a participação direta e constante não apenas de políticos, intelectuais e artistas como também daquilo que equivocadamente se chama de "público" quando deveria se chamar de "sociedade". Livros defendendo ou criticando a ação do Estado venderam--se às centenas de milhares de exemplares e as páginas nobres dos jornais receberam a colaboração de grandes nomes na defesa de seus pontos de vista. Foi e é um debate longo, constante, central na vida francesa, não limitado a momentos cruciais nos quais apenas os interesses mais imediatos (e não menos legítimos) dos produtores culturais estiveram em jogo — num cenário que contrasta, e muito, com a indiferença geral que o mesmo tema recebe no Brasil.

Se há alguma coisa que estas páginas deixam claro é que, como vem escrito por um dos autores, "duas vezes três centavos continuam a ser apenas seis centavos" — isto é, quando se está num claro estado de miserabilidade econômica e de visibilidade política em que tudo se mede pela política dos "três centavos" para a cultura, apenas duplicar os recursos concedidos (é bem essa a palavra) não leva a nada: a questão é mudar a mentalidade, mudar a perspectiva pela qual se vê a cultura.

Num conjunto de textos escritos em linguagem direta, dirigidos tanto a especialistas quanto a não iniciados e resultantes de um embate vivo com o tema, este livro (contendo uma seleção extraída do volume originariamente publicado pela Documentation Française) é um instrumento poderoso para a reflexão num país como o Brasil onde a bibliografia na área é em tudo ainda limitada. Falando da França, é um livro que fala também para o Brasil: nos tempos da globalização, as aspirações culturais — agora transformadas em direitos — apresentam-se em vasos comunicantes que legitimamente querem alcançar o mesmo nível comum, e um nível alto, que não se limite e não se contente com o igualitarismo da planície rasa e sempre igual a si mesma e que, não é raro, se transforma em terra arrasada ou que periodicamente volta a ser arrasada.

CULTURA E ESTADO

INTRODUÇÃO

PHILIPPE POIRRIER

O sentido da política cultural feita há uns cinquenta anos na França merece ser colocado em evidência: é essa a ambição desta antologia.

O método escolhido foi colocar em perspectiva os debates provocados pela "política" impulsionada pelos poderes públicos, em primeiro lugar o Estado. A seleção dos textos reunidos no presente volume permite que se apreenda a evolução da argumentação que, aos poucos, forneceu a base para a legitimação de uma política pública da cultura. *Cultura e Estado: a política cultural na França, 1955-2005 (La politique culturelle en débat)* oferece, assim, elementos para uma confrontação. Esse "debate sempre recomeçado"[1] está particularmente vivo na França, pois é ligado, ao mesmo tempo, ao papel singular que desempenham os intelectuais no espaço público e ao lugar que os republicanos, em seu projeto de emancipação, desejaram fazer que a cultura ocupasse.[2]

O objetivo dos textos selecionados é que se apreenda o sentido geral da política cultural, sem entrar — salvo exceções bastante significativas — nos detalhes das diferentes políticas setoriais. Portanto, é essencialmente através do debate político e intelectual que escolhemos apreciar os fundamentos da política cultural. Assim, a questão das modalidades dessa política, bem como a de sua concretização administrativa e institucional, é, consequentemente, deixada de lado.[3]

[1] Vincent Dubois, "Politiques culturelles: um débat toujours recommencé", in Nicolas Demorand e Hugues Jallon (sob a direção de), *L'année des débats. La suite dans les idées 2000-2001*. Paris: La Découverte/ France Culture, 2000, pp. 207-12. Alguns pontos dessa introdução são mais desenvolvidos em Philippe Poirrier: "Débats sur le Ministère de la Culture. 1987-2003", in Michel Winock e Jacques Julliard (sob a direção de), *Dictionnaire des Intellectuels français*. Paris: Seuil, 1996, pp. 787-90; "French Cultural Policy in Question. 1981-2003", in Julian Bourg (ed.), *After the Deluge, New Perspectives on Postwar French Intellectual and Cultural History*. Lanham Md.: Lexingtonn Books, 2004, pp. 301-23; "Démocratie et culture. L'évolution du référentiel des politiques culturelles en France, 1959-2004", in Annie Bleton-Ruget e Jean-Pierre Sylvestre (sob a direção de), *La démocratie comme patrimoine et comme projet*. Dijon: EUD, 2006.

[2] Vincent Duclert e Christophe Prochasson (sob a direção de), *Dictionnaire critique de la Républic*. Paris: Flammarion, 2002.

[3] Para uma antologia dos textos de natureza administrativa e de regulamentação, remetemos a Philippe Poirrier, *Les politiques culturelles en France*. Paris: La Documentation Française, col. "Retour aux textes", 2002.

***

A cobertura cronológica comprova o deslocamento das principais apostas: a denúncia da falta de uma política cultural, ponto central no livro de Jeanne Laurent, dá lugar, progressivamente, a debates sobre a forma que tal política pública deve assumir. O fracasso da incorporação da educação popular ao Ministério dos Assuntos Culturais provoca desânimo em seus defensores, mesmo antes de que o sopro de maio de 1968 desse impulso às análises dos contemporâneos. Os anos 1970 reforçaram as primeiras lições da sociologia da cultura: as perspectivas críticas de Pierre Bourdieu impõem-se frente ao empirismo e visão do futuro privilegiados por Joffre Dumazedier. Os desvios introduzidos por Jacques Duhamel vão ao encontro das propostas de Michel de Certeau. O fim do decênio vê a asserção das indústrias culturais, analisada por Augustin Girard, e uma política cultural estigmatizada por Pierre Emmanuel em razão de sua fraqueza. O voluntarismo da política cultural adotada a partir de 1981 por François Mitterrand e Jack Lang provoca intensas polêmicas. A vontade de ampliar o campo cultural reconhecido pelos poderes públicos é denunciada como uma "derrota do pensamento" (Alain Finkielkraut). Mas o ataque mais incisivo contra "O Estado cultural" (Marc Fumaroli) acontece na virada dos anos 1990 e contribui para estruturar, a seguir, a discussão entre os defensores da "Exceção cultural" (Jacques Rigaud) e os detratores da intervenção pública alinhados sob a bandeira do liberalismo. A temática da "refundação" da política cultural leva a esclarecer o que está em jogo e a propor uma evolução à intervenção pública, no mesmo momento em que a temática da "diversidade cultural" tende a exibir-se como novo paradigma que governa a política cultural da França.

"TORNAR ACESSÍVEIS AS PRINCIPAIS OBRAS DA HUMANIDADE"

Os dois primeiros textos comprovam a tomada de posição de agentes que reivindicam uma melhor instituição da política cultural como nova política pública. A III República vale como contramodelo. Em 1955, Jeanne Laurent, em seu ensaio intitulado "A República e as Belas-Artes", assinala a necessidade de uma política voluntarista. Planejamento plurianual e apoio aos artistas são apresentados como as prioridades de um futuro "ministro das Artes". Aquela que, de 1946 a 1952, foi a principal iniciadora da descentralização teatral baseia-se em sua experiência pessoal a fim de propor uma política que deixa patente e assume suas escolhas.[4] As propostas de Robert Brichet, publicadas nos *Cahiers de la République*, são mais técnicas e propõem uma verdadeira arquitetura administrativa para um "Ministério das Artes", que ele deseja ver implantado. A missão desse ministério é claramente enunciada e deve permitir a concretização do direito à cultura: "Elevar o gosto do público, ajudar os artistas, conservar os legados do passado". O autor insiste especialmente no papel essencial que a arte deverá desempenhar dentro da escola.

A fase de institucionalização iniciada pela criação, em 1959, de um Ministério de Assuntos Culturais, confiado a André Malraux, provoca toda uma série de discursos que visam legitimar as novas funções que o Estado deve assumir. O decreto de 24 de julho de 1959 especifica:

> "O ministério encarregado dos assuntos culturais tem a missão de tornar acessíveis as principais obras da humanidade e, primeiro, da França ao maior número possível de franceses; garantir o mais vasto público para nosso patrimônio cultural e favorecer a criação de obras de arte e do pensamento que o enriqueçam."

Portanto, a reivindicação democrática mostra-se nos princípios desse decreto de fundação. Nesse sentido, a política impulsionada por Malraux inscreve-se incontestavelmente na posteridade do *Front populaire*.[5] A preocupação igualitária e a vontade de democratização cultural são essenciais. Em 1967, André Malraux evoca o paralelo com a política educacional da III República: "É preciso admitir que, um dia, teremos feito pela cultura o que Jules Ferry fez pela educação: a cultura será gratuita". A política cultural de Malraux inscreve-se na lógica do Estado-previdência, do bem-estar. Trata-se de garantir, para todos, a igualdade, não apenas formal, mas real. O Estado do bem-estar, assim, atribui-se como objetivo garantir a todos o mesmo acesso aos bens culturais. Duas políticas confluem para materializar essa vontade: fazer que todos os cidadãos

---

[4] Marion Denizot, *Jeanne Laurent. Une fondatrice du service public pour la culture, 1946-1952*. Paris: Comité d'histoire du Ministère de la Culture/La Documentation Française, 2005.
[5] Sobre esse momento inicial: Pascal Ory, *La Belle illusion*. Paris: Plon, 1994. A Frente Popular foi uma coalizão de partidos que governou a França de 1936 a 1937 sob a direção do Partido Socialista. Esse governo implementou importantes alterações sociais na vida institucional francesa e durou até a derrota da França diante dos nazistas em 1940.

possam chegar até as obras da cultura e estender aos artistas os benefícios da proteção social. Além disso, a política cultural é colocada à frente na lógica da modernização trazida pela República gaullista. O Estado deve representar um papel motor de direção, impulso e regulação. A utilização do Plano a partir de 1959 participa dessa lógica.[6] A evolução que vai do IV Plano (1961) ao VI Plano (1970) aos poucos ratifica um vasto projeto coerente, que engloba e depois ultrapassa a visão quase mística que tinha André Malraux. Aliás, a criação de um ministério encarregado dos assuntos culturais deve muito à vontade do general De Gaulle de manter André Malraux no círculo do governo.

André Malraux já tinha enunciado os graves danos contra a civilização que representam o crescimento das "usinas de sonhos" — que hoje nós chamamos de indústrias culturais. Gaëtan Picon, diretor geral das Artes e das Letras, também expressou com grande clareza a nova filosofia que governava a política do Ministério de Assuntos Culturais. Cabe ao Estado tornar presente a arte viva. O corte entre passado e presente ressalta a ruptura entre conhecimento e cultura, entre universidades e casas de cultura, entre aprender a conhecer e aprender a amar. Essa ideia esclarece a diferença funcional entre o ministério da Educação nacional e o Ministério de Assuntos Culturais. A universidade e a escola, portanto, estão encarregadas de tornar conhecidas as obras do passado; o jovem Ministério dos Assuntos Culturais tem como missão fundamental tornar presente a "cultura viva" e as grandes obras universais. A casa de cultura "responde a esse conhecimento de um estilo contemporâneo e à vontade de comunicá--lo a todos os que são dignos disso". Gaëtan Picon acrescenta: "Nosso dever, em suma, é colocar um termo final à alienação do indivíduo em relação à cultura do presente e do passado. Transformar um privilégio em um bem comum — esse é o objetivo das casas de cultura".[7]

Uma dupla preocupação caracteriza assim o decênio Malraux: a construção administrativa de um ministério de pleno direito e a criação de um núcleo administrativo dinâmico que se baseie nas forças vivas dos administradores liberados pela descolonização.[8] A doutrina Malraux,

---

[6] V. Dubois, *La politique culturelle: genèse d'une catégorie d'intervention publique*. Paris: Belin, 1999.

[7] Sobre as posições de G. Picon e, mais amplamente, as rupturas ideológicas assumidas pelo Ministério de Assuntos Culturais, ver Philippe Urfalino, *L'invention de la politique culturelle*. Paris: Hachette--Pluriel, 2004 (1996).

[8] Marie-Ange Rauch, *Le bonheur d'entreprendre. Les fonctionnaires d'outre-mer et la création du ministère des Affaires culturelles*. Paris: Comité d'Histoire du Ministère de la Culture/La Documentation Française, 1998.

entretanto, só se impõe progressivamente. Os debates que alimentam os Encontros de Avignon, de 1964 a 1970, organizados por Jean Vilar, dão prova dessa situação. A filosofia da ação cultural, tal como é pensada por André Malraux e Gaëtan Picon e difundida por Émile-Jean Biasini, está longe de suscitar a unanimidade. O distanciamento da educação popular, o rompimento de fato com o sistema educacional burocratizado, o rigor e a complexidade das normas administrativas impostas por um Estado intransigente, a difícil colaboração entre os diferentes ministérios são denunciados pelos defensores da educação popular e os eleitos locais.[9] Para nosso objetivo, o mais importante é o crescente distanciamento com as associações de educação popular. Esse distanciamento não se resume somente às modalidades da democratização cultural (choque estético *versus* contaminação por contiguidade) e aos agentes mobilizados (profissionais *versus* militantes[10]). A visão da democracia e a inserção no âmago do modelo republicano constituem igualmente um obstáculo. A popularização da razão, a ética do engajamento e da responsabilidade permanecem muito mais centrais dentro da abordagem que as associações de educação popular fazem da política cultural de Malraux, para quem o essencial é provocar o contato direto com a obra de arte e fazer recuar o provincianismo cultural.[11] Além apenas das conjunturas institucionais, os militantes da educação popular muitas vezes irão ficar desapontados pela política do Ministério de Assuntos Culturais, mesmo que, especialmente na escala local, eles sejam agentes muito presentes quando da criação das casas de cultura. O elitismo de Malraux e a ausência de objetivos estabelecidos claramente são denunciados por seus principais representantes. O texto de Jacques Charpentreau, extraído de "Por uma política cultural" (1967), traduz esse olhar crítico de um militante da educação popular.

Maio de 1968 desestabiliza o Ministério de Assuntos Culturais e revela o surgimento de uma dupla crítica: a crítica esquerdista ataca a concepção de Malraux da democratização cultural; os partidários da ordem denunciam o apoio público a artistas suspeitos de subversão. A partir de então, é parcialmente rompida a aliança entre os criadores e o ministério.

---

[9] P. Poirrier (apres. por), *La naissance des politiques culturelles e les Rencontres d'Avignon* (1964-1970). Paris: Comité d'Histoire du Ministère de la Culture/La Documentation Française, 1997.

[10] Para esses dois pontos, remeter-se à demonstração de P. Urfalino, *L'invention de la politique culturelle*, op. cit.

[11] Olivier Donnat, "La question de la démocratization dans la politique culturelle", *Modern & Contemporary France*, n. 11-1, fev. 2003, pp. 9-20.

O artista plástico Jean Dubuffet denuncia, em "Asfixiante cultura" (1968), as formas institucionalizadas da cultura. André Malraux não escapa de sua pena cáustica.

SOB O SIGNO DO DESENVOLVIMENTO CULTURAL

Os anos 1970 são anos de forte instabilidade ministerial para a rua de Valois, onde se localizava o Ministério da Cultura: dez ministros entre 1970 e 1981, depois dos dez anos de André Malraux. Georges Pompidou, entretanto, não hesita, em outubro de 1972, em tornar públicas suas posições na primeira página do *Le Monde* e em reafirmar a responsabilidade do Estado no assunto.[12]

Em 1971, o relatório para o VI Plano faz uma primeira constatação do fracasso da democratização cultural e ressalta, ao mesmo tempo, a pouca força dos meios do ministério. Ele fixa, então, como prioridade, a criação de um Fundo Interministerial de Intervenção Cultural (FIC). Esse fundo desenvolveu durante dez anos iniciativas inovadoras.[13] As pesquisas feitas em meados dos anos 1970 sobre as práticas culturais demonstram a estagnação de uma democratização real das práticas culturais. Apresentado no colóquio de Bourges já em 1964, o texto de Pierre Bourdieu, primeira colocação em perspectiva das conclusões que serão desenvolvidas em "*O amor a arte*" (1966), ressalta as marcantes disparidades culturais entre classes sociais e ataca os limites inerentes a uma política de oferta.[14]

Nesse contexto, o conceito de desenvolvimento cultural teorizado por Joffre Dumazedier já em meados dos anos 1960 visa responder a esse fracasso e à desestabilização causada pelo movimento de maio de 1968. O ministério Duhamel (1971-1973) tenta modernizar a política cultural do Estado ao favorecer a transversalidade tanto dentro do ministério como do governo e consegue um aumento significativo do orçamento a partir

---

[12] Jean-Claude Grohens e Jean-François Sirinelli (sob a dir. de), *Culture at action chez Georges Pompidou*. Paris: PUF, 2000.

[13] Augustin Girard, "Le fonds d'intervention culturelle", em *Les Affaires culturelles au temps de Jacques Duhamel, 1971-1973*. Paris: Comité d'Histoire du Ministère de la Culture/La Documentation Française, 1995, pp. 241-61.

[14] Pierre Bourdieu e Alain Darbel, *L'amour de l'art. Les Musées d'arts européens et leur public*. Paris: Minuit, 1966. Para uma sistematização da teoria da legitimidade cultural: P. Bourdieu, *La distinction. Critique sociale du jugement*. Paris: Minuit, 1979.

de 1972, ao mesmo tempo em que reconhece o papel das coletividades locais. Terceira parte da "nova sociedade" de Jacques Chaban-Delmas, o desenvolvimento cultural como filosofia de ação leva a uma profunda ruptura em relação à doutrina de ação cultural cara a André Malraux. "A cultura depende da educação e da informação", ressalta Jacques Duhamel quando da conferência dos ministros europeus da cultura que acontece em Helsinki em junho de 1972. Embora o termo "democratização da cultura" continue presente, seu conceito é influenciado por duas novas abordagens: a acepção antropológica da noção substitui a acepção universal da "alta cultura"; o reconhecimento da diversidade de caminhos para atingir a democratização substitui a necessidade do choque estético. O Estado conserva um papel excepcional: ele deve facilitar a difusão cultural e recusar a ascendência da economia de mercado. Mas em seguida às análises de Michel Crozier e Simon Nora, o Estado tentacular e ineficaz é repelido. Essa "cultura no plural" vai ao encontro do pressentimento apresentado pelo historiador-filósofo Michel de Certeau. Este é convidado a participar dos trabalhos do Plano e trabalha em estreita relação com o Serviço de estudos e pesquisas do ministério da Cultura.[15] Ele tem um papel importante no colóquio "Perspectivas de desenvolvimento cultural" que acontece em abril de 1972, no Centro do Futuro de Salines d'Arc-et-Senans.[16] O texto que apresentamos, publicado como posfácio da pesquisa sobre as práticas culturais dos franceses (1974), convida para ir além de uma leitura apenas quantitativa dos resultados da pesquisa e presta especial atenção às práticas "criativas".

Por mais fundadora que seja, a política cultural do ministério Duhamel é afetada pelo fracasso político de Jacques Chaban-Delmas.[17] O mandato de Maurice Druon (1973-1974) é de retorno à ordem, encorajado pelo Executivo. Em maio de 1973, o autor de *Reis malditos* provoca viva emoção no centro dos meios culturais ao declarar: "As pessoas que vêm à porta desse ministério pedindo esmolas com uma mão e com um coquetel *molotov* na outra precisam escolher." A grande maioria dos intelectuais

---

[15] Ver François Dosse, *Michel de Certeau. Le marcheur brisé*. Paris: La Découverte, 2002; e Jeremy Ahearne, *Between Cultural Theory and Policy: The Cultural Policy. Thinking of Pierre Bourdieu, Michel de Certeau and Régis Debray*, Centre for Cultural Policy Studies, University of Warwick, *Research Papers*, n. 7, 2004.

[16] Ver as atas: Prospective du développement culturel, *Futuribles*, out. 1973.

[17] Augustin Girard, Geneviève Gentil, Jean-Pierre Rioux e Jean-François Sirinelli (sob a dir. de), *Les Affaires culturelles au temps de Jacques Duhamel, 1971-1973*. Paris: Comité d'Histoire du Ministère de la Culture/La Documentation Française, 1995.

julga severamente uma política cultural de um governo censurado por seu conservadorismo.[18]

A partir de 1974, impõe-se uma dupla linha de força. A introdução de uma lógica liberal reforça o relativo desligamento financeiro do Estado. Ao final do setenato giscardiano, o Estado cultural continua fraco e dá prioridade ao patrimônio. A política cultural não é uma das prioridades do governo. O orçamento e a máquina administrativos estão fragilizados. Apesar da passagem de Michel Guy pela Secretaria de Estado da Cultura (1974-1976), vivida pelos profissionais como uma "primavera cultural", o primado de uma lógica liberal contribui para enfraquecer a missão do ministério como serviço público. No próprio núcleo da administração central, os olhares se voltam para o partido socialista, que adota um programa de governo que dá especial atenção às questões culturais. O impacto real do poder público é discutido. Em 1978, Augustin Girard provoca a polêmica em que reconhece que a democratização cultural está, sem dúvida, passando antes pelas indústrias culturais do que pela ação do Estado. Em 1980, o balanço feito pelo poeta da Resistência Pierre Emmanuel denuncia uma falta de vontade política e um ministério que, a duras penas, expõe o sentido de sua ação.

O "TODO CULTURAL" EM QUESTÃO

A chegada da esquerda ao poder leva a uma tríplice ruptura. Essencial é a ruptura quantitativa que se traduz, já no exercício de 1982, pela duplicação do orçamento do Ministério da Cultura. Além disso, o ministro Jack Lang, que goza do apoio do presidente Mitterrand, sabe encarnar essa mudança de escala. Enfim, uma sinergia reivindicada entre a cultura e a economia pode ser lida como uma revolução coperniqueana que afeta o âmago da cultura política socialista. Da mesma forma, a política das Grandes Obras comprova o endosso, por parte do presidente, da política cultural. Todos os setores da política cultural beneficiam-se desse crescimento quantitativo e dessas rupturas qualitativas. O decreto de Malraux que fixava as atribuições

[18] Rémy Rieffel, "L'après-mai: les intelectuels et la politique culturelle", em *Les Affaires culturelles au temps de Jacques Duhamel, 1971-1973*. Paris: Comité d'Histoire du Ministère de la Culture/La Documentation Française, 1995, pp. 105-16, e "Les relations de George Pompidou avec les hommes de culture" em J.-C. Grohens e J.-F. Sirinelli (sob a dir. de), *Culture et action chez Georges Pompidou*, op. cit., pp. 395-411.

do ministério é, pela primeira vez, retocado oficialmente. O decreto de 10 de maio de 1982 desvia consideravelmente a missão do Ministério da cultura:

"O Ministério da Cultura tem por missão: permitir que todos os franceses cultivem sua capacidade de inventar e criar, que expressem livremente seus talentos e recebam a formação artística que escolherem; preservar o patrimônio cultural nacional, regional ou dos diversos grupos sociais para proveito comum da coletividade inteira; favorecer a criação de obras de arte e do pensamento e dar a elas o mais vasto público; contribuir para a difusão da cultura e da arte francesas no livre diálogo com as culturas do mundo."[19]

Esse texto inscreve-se, com certeza, na herança de Malraux, mas leva a alterações muito claras: no que é essencial, a democratização cultural se apaga em prol do livre desenvolvimento individual por meio da criação, no respeito pelas culturas regionais e internacionais, até mesmo sociais. A partir de então, fala-se mais em democracia cultural, o que permite o reconhecimento controverso de práticas culturais antes consideradas menores. Embora essa ampliação do campo cultural tenha principalmente chamado a atenção dos observadores, a associação entre cultura e economia também é igualmente central. O apoio às indústrias culturais confere à política cultural uma dimensão de política econômica e industrial. Por essa mesma razão, sua missão social, embora sempre presente nos discursos, atenua-se nas práticas institucionais. Isso leva a alguns ajustes no centro de uma administração ministerial que, cada vez mais, apresenta-se com um duplo aspecto: de um lado, um ministério dos artistas, das instituições e das profissões artísticas; do outro lado, um ministério das indústrias culturais. Os textos de Jacques Renard (1987) e de Jack Lang (1989-1990) insistem no apaziguamento dos anos 1980 e assumem os desvios que marcam um novo "referencial" para as políticas culturais.

Com pouca inclinação pela teoria, Jack Lang, pragmático antes de mais nada, manifestou-se muitas vezes, sem que esse *corpus* constitua uma verdadeira filosofia de ação.[20] No México, em julho de 1982, em uma

---

[19] Decreto n. 82-394, relativo à organização do Ministério da Cultura, publicado em P. Poirrier, *Les politiques culturelles en France*, op. cit., pp. 390-91.

[20] V. Dubois e P. Urfalino, "L'épopée culturelle en sédiments" in *Culture publique. 1: L'imagination au pouvoir*. Paris: Sens & Tonka, 2004, pp. 67-84. Robert Abirached, "Ministère Lang" in Emmanuel de Waresquiel, *Dictionnaire des politiques culturelles de la France depuis 1959*. Paris: Larousse/CNRS, 2001, pp. 353-60. Ver também Guy Saez, "Le socialisme et la culture", *Recherche socialiste*, n. 31-32, 2005, pp. 29-44.

conferência organizada pela Unesco, o ministro expõe a necessidade de uma "resistência cultural" face ao "imperialismo financeiro e intelectual" trazido pelas indústrias culturais. O que está sendo visado é o capitalismo norte-americano, sem que seja nomeado explicitamente. Além disso, a criação é apresentada como o "motor do renascimento econômico". Essa temática de uma política cultural como alavanca que permite sair da crise econômica também é desenvolvida por François Mitterrand em fevereiro de 1983 no colóquio "Criação e desenvolvimento" ("Création et développement") que acontece na Sorbonne.[21] A vontade assumida politicamente pelo ministro, com o apoio fundamental do presidente da República, de desenvolver uma política ativa em todos os setores da vida artística institucionalizada, verdadeiro "vitalismo cultural", segundo as palavras de Philippe Urfalino, mascara mal a falta de articulação profunda entre o projeto político e uma representação da cultura a serviço da democracia.

As inúmeras críticas, reativadas no começo dos anos 1990, comprovam a resistência por parte de certos intelectuais e profissionais do mundo da arte e da cultura. Desde 1987, a publicação de *A derrota do pensamento* (*La défaite de la pensée*) de Alain Finkielkraut, inicia uma vasta polêmica. O autor, filósofo e ensaísta, denuncia o declínio da cultura. Com efeito, é contra o relativismo cultural — o "todo cultural" — que a demonstração é construída. É verdade que a política seguida por Jack Lang desde 1981, retomada em grandes linhas por François Léotard em 1986 por ocasião do "governo de coabitação" (entra a direita e a esquerda), não está no centro do debate. Assim sendo, Alain Finkielkraut estima que essa política contribuiu muito para a "derrota" ao apoiar, por exemplo, áreas até então ignoradas pelo Ministério (o *rock'n roll*, a moda...) e para essa dissolução da cultura dentro do todo cultural. Em seu *Elogio dos intelectuais*, Bernard-Henri Lévy inclui-se na mesma linha intelectual. O cabeça dos "novos filósofos" também assinala um "mal-estar dentro da cultura". Quanto ao Ministério da Cultura, ele é acusado de ajudar a legitimar esse mal-estar ao reabilitar a parte "menor" da cultura.[22] Sinal dos tempos, no mesmo ano é publicada a tradução *A alma desarmada*, obra do professor universitário americano Allan Bloom, que denuncia o sistema de ensino predominante nos Estados Unidos, que, ao aceitar a integração da cultura das minorias,[23] contribuiria para a confusão dos valores. A publicação concomitante dessas três obras, largamente comentada pelas duas

---

[21] Ver as atas: *Le complexe de Léonard*, Paris, Lattès, 1984.
[22] Bernard-Henri Lévy, *Éloge des Intellectuels*, Paris, Grasset, 1987.
[23] Na verdade, a cultura de massa. (N.T.)

primeiras, oferece um instrumento teórico que logo irá permitir um re-questionamento mais direto por parte do ministério. Em 1990, a publicação pelo ministério de uma pesquisa sobre as práticas culturais dos franceses reativa e amplia a polêmica. As conclusões ressaltam especialmente o fracasso da democratização cultural e a manutenção de barreiras materiais, sociais e simbólicas que limitam o acesso à cultura chamada de "clássica".[24] Vincent Dubois ressalta o desvio no uso das pesquisas:

> "Enquanto elas permitiam aos 'pioneiros' do Ministério de Assuntos Culturais racionalizar sua crença na necessidade de uma democratização da cultura, as estatísticas das práticas culturais alimentam, assim, vinte e cinco anos depois, as polêmicas sobre a oportunidade de uma política cultural.[25]"

Os textos de Marc Fumaroli e de Michel Schneider mostram uma crítica ainda mais cáustica que floresce no começo dos anos 1990 e que, por muito tempo, irá estruturar o debate sobre a missão do Ministério da Cultura. Em 1991, "O Estado cultural" de Marc Fumaroli tem grande repercussão na mídia. Duas das principais revistas da cena intelectual francesa, Esprit (outubro de 1991 e fevereiro de 1992) e Le Débat (maio-agosto de 1992), abrem suas colunas aos muitos debatedores. O público é igualmente sensível a esse debate, na verdade altamente mediatizado, e durante numerosas semanas a obra ocupa os melhores lugares das diversas listas de vendas publicadas na imprensa especializada. O autor de "O Estado cultural" faz parte de uma das instituições mais prestigiadas da cena universitária francesa: o Collège de France. Titular desde 1986 de uma cadeira intitulada "Retórica e sociedade na Europa (séculos XVI-XVII)", esse historiador das formas literárias e artísticas da Europa moderna é autor de uma obra reconhecida pela comunidade científica internacional: especialmente A idade da eloquência (1980) e Heróis e oradores (1990). Desconhecido do grande público por seus trabalhos, que permanecem no campo da erudição, Marc Fumaroli intervém no campo da história das políticas culturais da França contemporânea. Ele também escolhe, não mais a forma acadêmica, mas a

---

[24] Olivier Donnat e Denis Cogneau, Les pratiques culturelles des Français. Paris: La Découverte/La Documentation Française, 1990.

[25] V. Dubois, "La statistique culturelle au Ministère de la Culture, de la croyance à la mauvaise conscience", em Olivier Donnat e Paul Tolila, Le(s) public(s) de la culture, v. II. Paris: Presses de Sciences-Po, 2003, pp. 25-32.

forma do panfleto político. A tese merece ser examinada: hoje, ele sustenta, a "política cultural" torna o Estado um provedor universal de "lazeres de massa" e de "produtos de consumo". O Estado-provedor aparece, então, apoiando-se nos fundos públicos, como um concorrente do mercado cultural. Essa confusão que se encarna por meio do "todo cultural" provém de uma forma de identificação da cultura com o turismo. Transformada em obsessão, essa "cultura" propagada por uma burocracia cultural sempre mais numerosa chega a assumir as proporções de uma religião da modernidade: a "festa da música", o "furor de ler", as "comemorações" (em primeiro lugar o bicentenário da Revolução Francesa) e até mesmo as grandes obras do presidente concretizam uma manipulação sociológica impelida pelo Estado, novo Leviatã cultural a serviço de um partido e de uma ideologia política.

O "Estado cultural", contudo, seria apenas o resultado das políticas começadas bem antes da chegada ao poder dos socialistas em 1981.

Marc Fumaroli apresenta, então, um verdadeiro esboço das origens históricas do Estado cultural. O modelo de Estado cultural deve ser procurado no *Kulturkampf* (combate cultural) de Bismarck e, depois, nas manipulações estalinistas e nazistas. Na França, é Vichy[26] que se encontra na origem da presente ação cultural. André Malraux, pela vontade manifestada desde a criação do Ministério da Cultura, em 1959, de "tornar acessíveis as principais obras da humanidade [...] ao maior número possível de franceses", teria acelerado a preeminência da "cultura audiovisual de massa". O Estado socialista, a partir de 1981, não fará mais do que retomar e levar a termo essa linha. Como digno herdeiro da filosofia política de Tocqueville e de Raymond Aron (a quem o livro é dedicado), Marc Fumaroli apresenta-se como militante de um Estado liberal que contraporia alguns obstáculos a nossa sociedade de consumo e de lazer: essencialmente um sistema de educação, bem como alguns limites jurídicos e fiscais. Nessa perspectiva, a cultura torna-se, essencialmente, um assunto individual: "As artes não são pratos divisíveis indefinida e igualitariamente. São as etapas de uma subida: esta é desejada, não concedida".[27] Assim, o principal inimigo da democracia liberal é realmente a cultura de massa. Permanece o fato, e sem dúvida é o essencial, de que a obra de Marc Fumaroli pode ser entendida como um sinal, verdadeiro sintoma de uma interrogação quanto

[26] Sede do governo colaboracionista francês durante a ocupação alemã. (N.T.)
[27] Marc Fumaroli, "Culture contre culture", *L'Express*, 6-13 nov. 1991, p. 139.

ao lugar e a definição da cultura em nossas sociedades contemporâneas. Se a obra, portanto, é incluída em uma tradição editorial bem estabelecida já faz alguns anos, ela usufrui de uma forte midiatização. De fato, a tese não é nova. Marc Fumaroli a expôs em grande parte a partir de 1982 nas colunas da revista *Commentaires*, mas sua enorme difusão na França bem como no exterior e o contexto político lhe dão, então, nítida importância. Além disso, mesmo que certos historiadores (Bernard Comte, Antoine Compagnon, Jean-Pierre Rioux) modifiquem em muito a genealogia proposta por Marc Fumaroli, sua demonstração é retomada de modo idêntico pela maioria das mídias. O fato de que Jack Lang e o Ministério da Cultura não tenham respondido talvez tenha sido um alívio para essa perspectiva crítica. O fato é que o sucesso do Estado cultural, sem dúvida exacerbado pela polêmica em torno da nova Biblioteca Nacional bem como pelas eleições num futuro próximo (legislativas de março de 1993), reatualiza um debate que não é novo. Da mesma forma, a novidade reside principalmente no virulento questionamento da própria legitimidade do Ministério da Cultura. É verdade que Marc Fumaroli não propõe uma total supressão da estrutura ministerial, mas pleiteia, dentro do quadro de um Estado modesto, que ela seja restrita à esfera patrimonial.

A essas críticas liberais, próximas da oposição da época, o ano de 1993 acrescenta um questionamento que se pretende de esquerda e que, além do mais, provém do próprio harém da administração cultural. Michel Schneider, funcionário do Tribunal de Contas, autor, entre outras, de obras sobre Schumann e Glenn Gould, antigo diretor de Música e de Dança no ministério da Cultura de 1988 a 1991, concorda implicitamente com Marc Fumaroli em muitos pontos: a dissolução da arte dentro da cultura, a instrumentalização política da cultura por um ministério submisso aos "criadores" e o excesso de importância dada à midiatização. Às soluções liberais de Marc Fumaroli, porém, o autor de *A comédia d a cultura* opõe o imperativo do serviço público: para um Estado democrático, a obrigação de reduzir a desigualdade no acesso às obras deve, portanto, passar pela educação artística. Essa parte educacional essencial iria completar um Ministério da Cultura que seria reduzido a duas funções (a preservação do patrimônio e a difusão democrática da arte), até mesmo fracionar-se dentro de outras estruturas ministeriais. A obra, comentada longamente na imprensa nacional e regional, também obtém um certo sucesso público.

Essas reações também comprovam a resistência de meios acadêmicos que lamentam a diluição de uma concepção integradora da cultura nacional. É também ter saudades de uma certa forma de mediação cultural saída da idade dos Humanismos e das Luzes e que se manifesta abertamente. Além da ação isolada dos poderes públicos, é a legitimidade do pluralismo cultural que cada vez mais caracteriza a sociedade francesa e que é rejeitado por uma grande parte dela. Aliás, Marc Fumaroli estará muito presente no debate sobre a "crise da arte contemporânea", que acontece no começo dos anos 1990 e que perpassa — sem que essa questão seja o núcleo da controvérsia — aquele sobre a legitimidade da política cultural.[28]

Por uma política e uma comunicação que são adotadas, a partir de 1981, muito próximas da tendência do momento, em um contexto de mudanças anunciado pelo governo, o Ministério da Cultura encontra-se no banco dos réus. Em parte distanciado das discussões cívicas, competindo na cidade e na cena midiática com os "criadores" e outros "mediadores", o intelectual defende aqui uma malha ordenada ou mesmo a visibilidade de sua ação. Jogando com uma divisão tríplice (estilo da escrita, tom polêmico, erudição reivindicada), ele tenta conciliar uma legitimidade intelectual (evitando, entretanto, as regras internas do campo intelectual) ao mesmo tempo que procura um sucesso midiático-comercial (aliás, censurado[29]).

---

[28] A partir de 1991, a discussão sobre a "crise da arte contemporânea", nascida das revistas *Esprit* e *Télérama*, também afeta a política posta em operação pelo Ministério da Cultura no campo das artes plásticas. O essencial dessa discussão muito franco-francesa situa-se, é certo, em um outro nível, que é o do questionamento estético das vanguardas. O papel das políticas públicas é mobilizado para o ataque. O Estado é acusado de parcialidade estética. A estigmatização de uma "arte oficial" jamais está longe. Os neoliberais (Marc Fumaroli e Yves Michaud) desejam que o Estado se desvincule ao dar uma maior autonomia às instituições. Philippe Dagen é um dos raros participantes a estimar que as verbas concedidas pelo Estado continuam sendo insuficientes. Ele não desconhece a existência de um academismo oficial, que ele julga ser marginal, mas considera que, se o Estado se afastar, nada garantiria que o mercado iria assumir seu posto (Philippe Dagen, *La haine de l'art*. Paris: Grasset, 1997). A discussão assume um tom mais político em novembro de 1996, quando uma edição de *Krisis*, revista próxima da extrema direita, dirigida por Alain de Benoist, é dedicada ao tema. Os defensores da arte contemporânea, como a revista *Art Press*, dirigida por Catherine Millet, ou ainda o crítico do *Monde*, Philippe Dagen, rapidamente fazem a fusão da denúncia da arte contemporânea, com a reação e com o fascismo. É verdade que a conjuntura política marcada pelo avanço espetacular da Frente Nacional nas eleições municipais exacerbou as posições tanto de uns quanto de outros (os argumentos da crise são apresentados por Yves Michaud, *La crise de l'art contemporain. Utopie, démocracie et comédie*. Paris: PUF, 1997. Os principais textos foram reunidos em uma antologia por Patrick Barrer, *(Tout) l'art contemporain est-il nul? Le débat sur l'art contemporain em France aves ceux qui l'ont lancé. Bilan et mise en perspective*. Lausanne: Favre, 2000).

[29] Ver a análise particularmente sugestiva de V. Dubois, "Politiques culturelles et polémiques médiatiques", *Politix*, n. 24, dez. 1993, pp. 5-19.

A DEFESA DA "EXCEÇÃO CULTURAL"

Durante os anos 1990, a referência que determina o sentido das políticas culturais públicas registra uma nova virada significativa: a defesa da "exceção cultural" — logo rebatizada de "diversidade cultural" — obscurece cada vez mais a referência à democratização das práticas culturais. A questão, recorrente a partir de então, da globalização da cultura oferece a oportunidade de mudar a escala da justificativa.

O debate sobre a exceção cultural que é estabelecido em 1993 por ocasião da rodada do Uruguai do Acordo Geral de Comércio e Tarifas (GATT, do inglês General Agreement of Tariffs and Trade) constitui um verdadeiro ponto de virada e dá início a uma mudança de referencial. Além da sobrevivência dos setores do cinema e do audiovisual europeus, é um "modo de vida sob a influência do exterior" o que o ministro Jacques Toubon denuncia. A política cultural é necessária para preservar a identidade cultural europeia. Nos anos seguintes, nas negociações internacionais sobre o comércio, a posição francesa permanece firme e dá forma à atitude do conjunto da União Europeia. Em 1998, durante as negociações com a Organização de Cooperação e Desenvolvimento Econômicos (OCDE) em torno do Acordo Multilateral sobre Investimentos (AMI), a França defende o conceito de "exceção cultural". O governo Jospin escolhe impedir a inclusão, no acordo, de um tema cultural e recusa-se a participar das negociações.

A função social da política cultural, entretanto, a pode ser reativada em função da conjuntura política. Em 1993, o ministério Toubon volta à formulação do decreto de 1959: "Tornar acessíveis, ao maior número, as obras capitais da humanidade e, em primeiro lugar, da França, garantir o mais vasto público para nosso patrimônio cultural e favorecer a criação de obras de arte e do espírito" — manifesta-se desde o artigo primeiro do decreto de 16 de abril de 1993 referente ao Ministério da Cultura e da Francofonia. Esse retorno ao texto inicial, uma cortesia a Malraux, provoca perplexidade. A ideia de "obras capitais da humanidade" ainda será capaz de remeter a um *corpus* claramente definido enquanto as práticas culturais, a partir de então, serão caracterizadas por um forte ecletismo? Ao mesmo tempo, a própria noção de cultura legítima é contestada cada vez mais, até mesmo no meio das elites.[30]

[30] Ver os trabalhos de Bernard Lahire, *La culture des individus*. Paris: La Découverte, 2004, e de O. Donnat (sob a dir. de), *Regards croisés sur les pratiques culturelles*. Paris: La Documentation Française, 2003. Ver também: "Quelle culture défendre", *Esprit*, mar.-abr. 2002.

A partir de 1995, a política cultural participa explicitamente da vontade do presidente em reduzir a "fratura social". O ministro da Cultura, Philippe Douste-Blazy, afirma perante o Senado em 27 de novembro de 1995 que "a política cultural deve participar plenamente da recriação do pacto republicano, abrir a todos o caminho da realização individual e da solidariedade. Sendo o Ministério da Cultura um pouco o ministério das experiências, quero que façamos a prova, a nosso modo, de nossa capacidade de canalizar o que eu chamaria de exclusão cultural". O ministro lança, assim, sob o tema da "refundação", uma reflexão sobre a política cultural. Essa iniciativa, que retoma uma ideia proposta por Jacques Rigaud em *A exceção cultural* (1995), gera um relatório. Enviado ao ministro em 1996, o Relatório Rigaud reitera a legitimidade do modelo francês de serviço público para a ação cultural. O papel do Estado é apresentado com vigor, mas como uma dimensão da ação governamental e com uma preocupação de dialogar com as coletividades locais. É absolutamente necessário restaurar a capacidade financeira do Ministério, e o relatório ressalta a desconfiança, se não a perene hostilidade, do Ministério das Finanças quanto às despesas do poder público com cultura. Muitas propostas visam reorganizar a administração central do ministério. A educação artística e cultural é apresentada como uma "causa nacional". Enfim, é apresentado como prioridade tornar coerentes as políticas das indústrias culturais. Esse relatório é a oportunidade de reafirmar o que legitima a existência de uma política cultural:

> "Por mais legítima que seja, efetivamente, a intervenção dos poderes públicos para proteger e apoiar a atividade das profissões e ofícios da cultura, e compreensível que a pressão seja exercida pelos interessados para conseguir que os concursos públicos que os beneficiam sejam preservados minimamente, não se saberia como ater-se a esse tipo de considerações para justificar uma política cultural. Mais do que nunca, esta não pode ser reduzida a uma defesa das realizações culturais e a uma proteção, aliás necessária, dos interesses dos profissionais. Ela deve ter a tendência de dar a todos a possibilidade de alcançar a plenitude de sua condição de cidadão. Através da educação e da cultura, todo indivíduo deve poder apossar-se das chaves que lhe permitam compreender o mundo e agir sobre ele. [...] O fundamento da política pública em relação à cultura é, então, político, no sentido mais elevado do termo. O objetivo da

política cultural é realizar a República, ou seja, dar a todos, através de um acesso realmente igual às obras do espírito, a possibilidade de formar uma consciência cidadã em sua plenitude."[31]

Na primavera de 1997, a dissolução da Assembleia Nacional pelo presidente da República interrompe o processo de "refundação".[32]

Catherine Trautmann, ministra da Cultura no governo de Lionel Jospin, insere-se na mesma perspectiva, sem que, por isso, faça uma referência explícita à dinâmica de "refundação" estimulada por seu predecessor. O "Regulamento dos objetivos do serviço público para o espetáculo ao vivo", anunciado em um artigo do *Le Monde* de novembro de 1997, é a oportunidade, em outubro de 1998, de reafirmar os fundamentos da intervenção pública em matéria cultural:

"O compromisso do Estado a favor da arte e da cultura depende, em primeiro lugar, de uma concepção e de uma exigência da democracia:

1. Propiciar o acesso de todos às obras de arte, bem como às atividades culturais.
2. Alimentar a discussão coletiva e a vida social com uma presença forte na criação artística, reconhecendo aos artistas a mais ampla liberdade em seu trabalho de criação e de difusão.
3. Garantir a maior liberdade para que cada cidadão escolha suas práticas culturais."[33]

O apoio crítico da revista *Politis* — o apelo "Para um serviço público da cultura" publicado nesta antologia — também mostra que o debate cultural não mobiliza apenas os escalões políticos, mas diz respeito principalmente a numerosos agentes culturais. Da mesma forma, a chegada ao poder do *Front Nacional* leva Philippe Douste-Blazy (1995-1997) e Catherine Trautmann (1997-2000) a reafirmarem, em muitas ocasiões, o papel do Estado na defesa do pluralismo cultural e da liberdade de criação.

---

[31] Jacques Rigaud, *Pour une refondation de la politique culturelle*. Paris: La Documentation Française, 1996, p. 50.

[32] Ver o depoimento de J. Rigaud, *Les deniers du rêve. Essai sur l'avenir des politiques culturelles*. Paris: Grasset, 2001.

[33] "Charte des missions de service public pour le spectacle vivant", *Bulletin officiel du Ministère de la Culture*, mar. 1999, n. 110: circular de 22 out. 1998, pp. 11-7.

PARA A DIVERSIDADE CULTURAL

Em 1999, na véspera das negociações da Organização Mundial do Comércio (OMC) em Seattle, a França se bate dentro da União Europeia pela manutenção da "exceção cultural". O mandato dado à Comissão Europeia, adotado pelos estados membros em 26 de outubro de 1999, é favorável à posição da França:

> "A União irá cuidar, durante as próximas negociações da OMC, para garantir, como na 'rodada' do Uruguai", que a Comunidade e seus Estados membros possam preservar e desenvolver sua capacidade para definir e colocar em operação suas políticas culturais e audiovisuais para a preservação de sua diversidade cultural."

Catherine Trautmann acrescenta:

> "A exceção cultural é, portanto, o meio jurídico, na minha opinião não negociável, para alcançar o objetivo de diversidade cultural."[34]

Esse deslocamento semântico permite reunir um frágil consenso dentro da União Europeia. Essa defesa da "diversidade cultural" será continuada. Em 15 de outubro de 2001, o presidente da República, em seu discurso de abertura da 31ª Conferência Geral da Unesco, irá lembrar solenemente a posição da França: "A resposta à globalização-moenda das culturas é a diversidade cultural. Uma diversidade baseada na convicção de que todo povo tem uma mensagem única a transmitir ao mundo, que todo povo pode enriquecer a humanidade trazendo sua parcela de beleza e sua parcela de verdade".

A defesa da diversidade cultural impõe-se cada vez mais e figura, apesar de suas ambiguidades,[35] como novo fundamento da intervenção pública. O modo como Catherine Tasca (ministra da Cultura entre 2000-2002) apresenta suas principais diretivas em maio de 2000 perante a Assembleia Nacional revela essa nova hierarquização de princípios que guiam a ação

---

[34] Intervenção de Catherine Trautmann na Assembleia Nacional durante o colóquio sobre a OMC, em 9 de novembro de 1999, publicada em P. Poirrier, *Les politiques culturelles en France*. Paris: La Documentation Française, 2002, pp. 561-6.

[35] Serge Regourd, *L'exception culturelle*. Paris: PUF, 2002, e "De l'exception à la diversité culturelle", *Problèmes politiques et sociaux*, n. 904, set. 2004. Françoise Benhamou, "L'exception culturelle. Exploration d'une impasse", *Esprit*, maio 2004, pp. 85-113.

governamental: promover a diversidade cultural, lutar pela igualdade de acesso à cultura e renovar a descentralização cultural. A retomada das negociações comerciais dentro dos organismos internacionais explica, em muito, essa nova configuração dos discursos. O deslocamento feito para a noção de diversidade cultural não é apreciado unanimemente pelos profissionais dos mundos da arte e da cultura. A acepção do termo continua muito ambivalente. Em 17 de dezembro de 2001, quando assumiu o controle de USA Networks, Jean-Marie Messier, diretor executivo da Vivendi--Universal, declara em Nova York: "A exceção cultural francesa está morta" e "as inquietações franco-francesas são arcaicas". Essa declaração logo provoca um grande protesto dos profissionais da cultura: eles denunciam uma recolocação em questão do modelo francês de financiamento do cinema. O conjunto da classe política — desde o partido comunista até a extrema direita — denuncia também essa tomada de posição. No plano de fundo, percebe-se que a estratégia futura do Canal +, agente essencial da produção cinematográfica francesa, é o objeto de todas as questões. A reação do poder público, no mais alto nível do Estado, comprova a importância dessa discussão.

Em 2002, em *Uma escolha de vida*, Catherine Tasca também insiste no papel essencial que deveria ter a educação artística e cultural. O "Plano de cinco anos para o desenvolvimento das artes e da cultura na escola", iniciativa conjunta, em dezembro de 2000, dos Ministérios da Educação e da Cultura, será, entretanto, muito reduzido logo depois da alternância do governo em 2002.[36]

Depois de ser eleito presidente da República em 2002, Jacques Chirac retorna muitas vezes à necessária defesa da diversidade cultural, cada vez mais apresentada como o eixo legitimador da política cultural francesa. Além disso, a França esforça-se para mudar o local do debate, da OMC para a Unesco.[37] Em 2 de fevereiro de 2003, em um discurso pronunciado por ocasião dos segundos Encontros internacionais da Cultura, o presidente da República propôs "erigir a diversidade (cultural) como princípio do direito internacional", apelando para a "adoção, pela comunidade internacional, de uma convenção mundial sobre a diversidade cultural". Da mesma forma, a

---

[36] Para uma apresentação desse plano: Pascale Lismonde, *Les arts à l'école. Le plan de Jacques Lang et Catherine Tasca*. Paris: Gallimard, 2002.

[37] Nessa questão, a adoção, em novembro de 2001, da Declaração Universal da Unesco sobre a Diversidade Cultural é um sucesso dessa estratégia. Deve-se lembrar que, nessa data, os Estados Unidos ainda não faziam parte da organização internacional.

França deseja que "a promoção e o respeito pela diversidade cultural sejam incluídos" no futuro tratado da União Europeia. O presidente da República, em várias ocasiões, irá ressaltar a posição da França. Seu discurso por ocasião dos "Encontros para uma Europa da cultura", que acontecem em Paris em maio de 2005, na véspera do referendo sobre a constituição europeia, é uma das manifestações mais recentes dessa posição.

UMA POLÍTICA CULTURAL EM CRISE?

Os textos de Jean-Pierre Saez (2004), Robert Abirached (2005) e Jean--Michel Djian (2005) mostram que a temática da "diversidade cultural" não é suficiente para criar as bases da política cultural. Eles também dão provas da manutenção de uma discussão dentro da conjuntura de crise mais ou menos exposta do modelo francês de política cultural.[38]

A campanha eleitoral da primavera de 2002, porém, não havia dado grande lugar à cultura no debate público, mesmo a questão da política pública da cultura estando presente nos programas de todos os candidatos. A chegada do líder populista Jean-Marie Le Pen ao segundo turno das eleições presidenciais provoca um reflexo "antifascista" dentro dos mundos da arte e da cultura. A questão dos limites da democratização cultural é evocada quando ocorrem os debates, que vêm à luz nas semanas seguintes, sobre o estado da sociedade francesa. As instituições culturais são acusadas, em razão do caráter elitista de sua política, de ter contribuído para aumentar o fosso cultural entre as elites e o "povo".[39]

A nomeação de Jean-Jacques Aillagon, ex-diretor do Centro Georges Pompidou, como ministro da Cultura e da Comunicação no governo de Jean-Pierre Raffarin é razoavelmente bem acolhida pelo conjunto dos profissionais. O texto que define as atribuições do ministro da Cultura e da Comunicação fixa sua ação na continuidade. Várias prioridades são expostas e dão lugar a relatórios administrativos: patrimônio e descentralização (Relatório Bady), a violência na televisão (Relatório Kriegel) e a oferta cultural na televisão (Relatório Clément). De modo geral, predominam as questões

---

[38] Ver a colocação em perspectiva de Pascal Le Brun-Cordier, "D'une réforme nécessaire de la politique et des institutions culturelles", *Mouvements*, n. 17, set.-out. 2001, pp. 37-47, e "La crise de la politique culturelle française", *Contemporary French Civilization*, n. 2005-1, pp. 1-19.

[39] P. Poirrier, "La culture em campagne: de l'atonie à la mobilisation antifasciste. Politique culturelle et débat public en France lors des éléctions de 2002", *French Cultural Studies*, n. 15-2, jun. 2004, pp. 174-189.

técnicas: a vontade de incentivar o patrocínio particular e de desenvolver a autonomia dos grandes estabelecimentos culturais afirma-se na agenda ministerial desde os primeiros meses. A questão do sentido das políticas culturais é apagada perante a questão da reforma do Estado, que se resume unicamente às formas de administrar que devem ser privilegiadas.

A reativação do debate sobre a "o trabalho temporário no espetáculo", analisada por Pierre-Michel Menger, inscreve-se nessa mesma perspectiva. O Estado é interpelado pelos parceiros sociais a respeito do regime específico do seguro de greve dos profissionais do espetáculo. É a manutenção de uma parte importante da atividade cultural que está em jogo. O ministro da Cultura, que ressalta sua ligação a esse regime, não irá conseguir convencer, aos agentes sociais confrontados com as exigências do patronato, que tem capacidade de ação. É em termos de empregos culturais que o documento é visto, essencialmente, pelos poderes públicos. O cancelamento dos festivais de verão de 2003 demonstra também a importância econômica da atividade cultural, especialmente nas cidades que baseiam uma parcela importante de seu desenvolvimento local no turismo cultural.[40]

O reforço na desconcentração, muito claro nos anos 1990, alimenta igualmente esse sentimento de desencanto. O nível regional torna--se agora o nível normal de gestão, de coordenação e de animação das políticas públicas da cultura. O nível central conserva apenas os assuntos de interesse nacional ou internacional e tem de limitar seu papel à concepção, animação, orientação, avaliação e controle. Da mesma forma, as diretorias regionais dos assuntos culturais, compensadas com maiores verbas e pessoal, tornam-se os interlocutores de todos os serviços culturais, dos eleitos locais, e sua função de substituir financeiramente os serviços centrais do Ministério acha-se reforçada. As diretorias centrais do Ministério mais suportaram do que desejaram esse processo de reforço da territorialização da instituição. Além disso, certos agentes culturais, especialmente no espetáculo ao vivo, veem a desconcentração como uma diluição das políticas nacionais da cultura. No mesmo espírito, a retomada da descentralização que, pela primeira vez, afeta de modo mais direto os setores do patrimônio provoca reais resistências, tanto por parte de certos setores da administração central quanto dos eleitos locais que temem uma

---

[40] Sobre os primeiros meses dessa crise: François Ribac, "Le mouvement des intermittents et la crise de la politique culturelle", *Mouvements*, n. 30, nov. 2003, pp. 108-115. Ver também Pierre-Michel Menger, *Les intermittents du spectacle. Sociologie d'une exception*. Paris: Éditions de l'EHESS, 2005.

transferência de encargos sob a capa de transferência de competências. Por outro lado, quanto caminho foi percorrido desde a visão paternalista do Estado tutelar evocada por Antoine Bernard (1968) até o Estado parceiro que, há vinte anos, tem privilegiado uma gestão policêntrica da política cultural em estreita colaboração com as coletividades locais?[41] Já em 1988, o Relatório Rizzardo tinha ressaltado a necessidade para o Estado de, ao mesmo tempo, redefinir seu papel e esclarecer a competência das coletividades locais.

Os comentaristas ressaltam, entretanto, as conquistas de meio século de política cultural. A ação voluntarista dos poderes públicos permitiu manter uma vida artística relativamente autônoma em relação às leis do mercado e que funcionasse uma rede mais rica de instituições culturais no conjunto do território. Portanto, o que se questiona de novo é menos a legitimidade da intervenção do Estado no campo cultural do que o sentido geral de uma política cultural, ou mesmo a necessidade de um ministério da cultura autônomo.[42]

A questão da democratização da cultura, porém, continua sendo o principal fundamento que justifica, desde o albor dos anos 1960, a colocação em funcionamento de uma política pública da cultura na França. Muitas vezes lembrada, essa ideia passou para o senso comum, entretanto, sem que fosse objeto de um profundo trabalho teórico de articulação com a questão da democracia. É verdade que a conjuntura política, como pode ser percebido em meados dos anos 1990 com o ressurgimento do populismo, pode às vezes ressaltar a necessária defesa da liberdade de criação e do pluralismo cultural.

O deslocamento progressivo do referencial para o internacional assinala o aumento do poder das discussões em torno da "globalização". A temática da "exceção cultural" visa essencialmente defender a própria ideia de um serviço público da cultura, mas, antes de tudo, visa permitir a independência econômica dos setores audiovisuais e cinematográficos. O combate que a França trava na cena internacional para o reconhecimento

---

[41] Um balanço: P. Poirrier e J.-P. Rioux (sob a dir. de), *Affaires culturelles et territoires*. Paris: La Documentation Française, 2000. As evoluções mais recentes: Guy Saez (sob a direção de), *Institutions et vie culturelles*. Paris: La Documentation Française, 2005.

[42] Claude Patriat, cientista político, evoca não o retorno a uma associação com a educação nacional, mas uma reunião com o ensino superior, a pesquisa e a juventude a fim de construir um "grande ministério da inteligência e da beleza". (Claude Patriat, "Utopique politique culturelle. L'intervention publique dans la culture entre incantation et métaphore", em Patrick Charlot (sob a dir. de), *Utopies. Entre droit et politique*. Études *em hommage à Claude Courvoisier*. Dijon: Eud, 2005, pp. 413-24).

da "diversidade cultural" também participa da vontade de definir uma nova administração mundial, mas esse discurso de modo nenhum impede que o Ministério da Cultura aceite lógicas claramente neoliberais.

No final, o sentido das políticas culturais está, no alvorecer do século XXI, cada vez menos ligado ao modelo republicano. Provavelmente é um sinal a mais da decomposição desse modelo. A discussão política em torno daquilo que legitima a política cultural continua relativamente inexpressiva. Uma forma de desencanto parece estar presente nos agentes culturais. Essa situação dá provas, nas entrelinhas, do próprio sucesso de uma política cultural introduzida no direito comum das políticas públicas. "O fim das utopias" (Olivier Donnat, 1994), "Reduzir o dever de grandiloquência" (Philippe Urfalino, 1997), "O fim das conquistas" (Maryvonne de Saint--Pulgent, 1999) e "O fim de um mito" (Jean-Michel Djian, 2005) são avaliações diferentes, porém complementares, dessa normalização. O modelo francês de política cultural parece estar em uma encruzilhada.

A REPÚBLICA E AS BELAS-ARTES[1]

JEANNE LAURENT

Jeanne Laurent (1902-1989) foi subdiretora de Espetáculos e Música da Secretaria de Estado das Belas-Artes de 1946 a 1952: suas ações foram determinantes para a descentralização do teatro francês. Desde 1955, ela condena a fraqueza e a ausência de política e sugere vivamente um programa de ação e os meios necessários para uma política de belas-artes realmente grandiosa; "ela propõe, aos responsáveis pela cultura, um manual para usar suas funções e um vade-mécum para seus comportamentos" (R. Abirached).

PARA UMA POLÍTICA DAS BELAS-ARTES: UM PLANO DE SETE ANOS

As propostas que se apresentarão serão inúteis se as Belas-Artes continuarem a ser sacrificadas dentro do quadro da Educação Pública, em que foram colocadas em 1871.[2] Sem que fiquemos nas diversas etapas de seu declínio financeiro, devemos lembrar que, em 1954, sua parte estava reduzida a 9 bilhões[3] dos 234 bilhões de francos do orçamento para o funcionamento da Educação nacional.

Ora, em 1872, a Educação Pública dispunha de 33.800.000 francos, ao passo que as Belas-Artes tinham 6.700.000 francos, a que se acrescentava uma fração dos 53.800.000 francos dos Cultos.

Será que a restauração de uma política artística é possível dentro desse Ministério? Achamos que não, pois o governo e o Parlamento sentem-se incomodados quando têm de estudar os problemas das Belas-Artes num orçamento que é dominado pelas questões escolares. Por outro lado, os setores que foram desmembrados da Educação Nacional, como o Cinema e a Ação Artística Internacional, conseguem com maior facilidade que suas necessidades sejam levadas em consideração. Seus pedidos, bem como os dos outros participantes do orçamento, não são, de fato, negados com argumentos tirados da situação escolar.

[1] Paris, Juillard, 1955, cap. III, pp. 164-9.
[2] Houve duas breves interrupções: uma, em 1881, com um Ministério das Artes criado por Gambetta, e a outra, em 1947, com um Ministério da Juventude, das Artes e das Letras, confiado a Pierre Bourdan.
[3] 5,38 para a arquitetura, 3,552 para as artes e as letras.

Alguns irão preconizar a criação de uma secretaria de Estado, mas uma secretaria de Estado não tem a autoridade essencial, aquela de escolher os titulares dos cargos mais elevados, que são nomeados por decreto.

Como é obrigatório que esses atos sejam ratificados pelo ministro, as nomeações mais importantes repousam sobre uma divisão de responsabilidades. Toda solução a dois é, fatalmente, uma solução de compromisso e não de audácia.

Ora, a audácia é indispensável em tempos de crise. Outro argumento prega contra essa solução: uma secretaria de Estado não tem orçamento autônomo. A distribuição das verbas compete unicamente ao ministro. Ora, por maior atenção que ele preste aos argumentos que lhe são dados, ele vê com maior nitidez as necessidades dos serviços que e controla diretamente e age levando-as em consideração quando distribui os valores colocados a sua disposição.

Porque o círculo onde temos o costume de fechar-nos é o mais vicioso possível, tentemos sair dele para colocar os problemas de modo a encontrar soluções. Reconhecemos que as experiências feitas por nossos vizinhos não são de desprezar. Ora, na Grã-Bretanha, é o ministro das finanças que nomeia os membros do Arts Council e, na Itália, os Espetáculos têm o mesmo ministro que o Turismo. Sem copiar o que é feito no estrangeiro, sacudamos o jugo das proibições ditadas por preconceitos ou rotinas e tenhamos a ousadia, por exemplo, ao mesmo tempo em que reconhecemos que é indispensável melhorar a circulação dos veículos em Paris, de perguntar se, pelo preço menor do que o de uma passagem subterrânea, não é mais urgente construir, nos arredores, salas onde milhares de cidadãos, privados de uma vida intelectual em comum, poderiam descobrir Molière, Corneille e Shakespeare, ouvir concertos e ver exposições.

[...] Talvez os projetos que a serem esboçados serão criticados por não terem detalhes suficientes, mas aqueles que participaram de reformas sabem que as decisões muitas vezes são tomadas considerando as grandes linhas de um plano. O detalhe é definido depois da nomeação dos encarregados de aplicá-lo e as modalidades diferem conforme sua personalidade.

Com certeza, alguns irão qualificá-los de utópicos. Se forem, esperamos que sejam como outros que foram realizados há dez anos e que deram início a várias formas de descentralização, enquanto os entendidos previam seu fracasso porque, diziam eles, "não se vai contra as correntes históricas".

O número de franceses que podem — se quiserem — participar ao mesmo tempo das riquezas do passado e das criações contemporâneas não passa de dois milhões. Para estender esse benefício para a nação inteira, é preciso, portanto, prever uma obra de longo fôlego.

Seria fácil imaginar a importância e a estrutura de um serviço público de Belas-Artes, acessível a todos, ou enumerar as dificuldades que os costumes e as instituições contrapõem à reconquista de uma cultura artística, ou, ainda, estabelecer mais uma vez, no papel, uma pirâmide administrativa que abarcasse os serviços das Belas-Artes, os do Cinema, da Ação Artística Internacional, da Rádio e, por que não, da Reconstrução e da Habitação. Parece-nos que é mais útil procurar, tomando como base inicial as atuais realidades, quais são, dentre as tarefas urgentes, aquelas que poderíamos fazer chegar a bom termo se adotássemos uma política artística e se soubéssemos fornecer os meios para aplicá-la.

Cada dia que passa arruína um pouco mais os vestígios de nossa estrutura antiga, e deve-se prever que as novas instituições não irão dar resultados satisfatórios imediatamente. Assim, é preciso agir sem demora. Para ter êxito mais rápido e mais completamente, é importante criar um clima favorável provocando um choque psicológico no grande público e entre os artistas. Quando a opinião pública estiver cônscia de nossa situação, ela irá sair de sua indiferença e estará pronta para aderir às reformas necessárias.

Quanto a obter prestígio, o que é indispensável em um empreendimento desse tipo, só será alcançado com a colaboração com os mais famosos artistas. Da mesma forma que uma experiência, agora longínqua, fez nascer entre eles uma desconfiança em relação ao Estado, talvez seja útil apelar para essa colaboração de modo diferente do que usando as declarações solenes do tipo "discurso sobre as artes", que, durante oitenta anos, foram seguidas por indiferença ou desprezo.

[...] Uma obra que, para chegar a bom termo, precisa de uma garantia de duração não conseguiria ser empreendida dentro do quadro de um orçamento anual, em que nada é certeza além do 31 de dezembro e é preciso, seis meses depois da abertura dos créditos, prestar contas do resultado alcançado se se quiser que as verbas, no ano seguinte, sejam aumentadas ou apenas mantidas. Portanto, é indispensável estabelecer, para um período determinado, um plano a ser dotado de um orçamento especial, estando autorizado a transportar as verbas de um ano para o seguinte, a fim de adaptar-se facilmente ao desenvolvimento da experiência e levando em conta os imprevistos. Naturalmente, tal plano deve ser promulgado por uma lei especial.

Para calcular sua duração, devemos nos lembrar de que será indispensável criar órgãos novos e que, para abrigá-los, serão necessárias novas edificações. Essa primeira etapa, então, deve corresponder ao tempo necessário para estabelecer os programas e os planos, para edificar os imóveis e para equipá-los. Como convém acrescentar três anos de funcionamento das instituições nos edifícios que terão sido construídos para elas, somos levados a propor um plano cuja realização será escalonada no mínimo em sete anos.[4]

Esse plano deve ser comparável àqueles concebidos para a preparação de uma frota enquanto são construídos os barcos e recrutados e treinados os tripulantes.

A formação de novas equipes é coisa relativamente fácil quando se dispõe dos funcionários necessários. É assim que poderemos estar à altura de formar várias orquestras. O número de dirigentes capazes de ter êxito nessa tarefa permite-nos, mesmo, esperar que antes do término dessa primeira etapa possamos ter, se não tanto quanto a Grã-Bretanha, pelo menos tanto quanto os Países Baixos. Infelizmente, em certos setores artísticos, a atividade é muito pequena e funcionários preparados são insuficientes. Por exemplo, quem iria acreditar que, antes de sete anos, poderiamos ter tantos teatros líricos capazes de criar novas obras quanto a República Federal Alemã?

"É pelo teatro que se deve começar, porque é a arte coletiva por excelência e a mais acessível ao povo", escrevia J. Paul Boncour em 1912, depois de lamentar que a arte da época não passasse do "divertimento de uma elite, privilégio de alguns poucos" e que o povo ficasse distanciado de nossa civilização. Desde então, como se viu, a situação piorou. Entretanto, desde 1947, o modo como foram recebidos os espetáculos dos festivais, dos centros dramáticos e do TNP prova que o grande número não é indigno dos prazeres do espírito. [...]

A ESCOLHA DOS HOMENS[5]

[...] A escolha dos homens a quem confiar as responsabilidades será a tarefa básica do ministro das Artes, mas suas obrigações não ficarão

[4] O *Arts Council* está em seu segundo plano de cinco anos.
[5] Os subtítulos são da redação.

limitadas a isso. Como todos os animadores artísticos, ele terá de enfrentar dificuldades. É evidente que não será preciso que ele tome como modelo São Luís, que chegava a trabalhar junto com os pedreiros na construção de monumentos que ainda são testemunhas, no meio dos desertos da Síria, da passagem dos cruzados. Em compensação, ele deverá, como fizeram François I e Luís XIV, cuidar pessoalmente de enriquecer as coleções nacionais, estudar as plantas das edificações públicas e seguir atentamente os trabalhos de construção, lembrando-se de que Colbert obrigava-se a inspecionar minuciosamente os canteiros de obras. Sua correspondência nos mostra algumas de suas observações, em cartas que começam por "Ontem estive em Versailles".

APOIAR OS ARTISTAS

Estimular artistas e técnicos partilhando seus deveres bem como seus sucessos é coisa fácil quando comparada à tarefa ingrata de ter de resistir aos pedidos, que tornariam absolutamente vão qualquer plano de política artística. De fato, é preciso não ter a ingenuidade de acreditar que a aprovação de uma lei será acompanhada por uma revolução imediata nos espíritos e nos costumes. "Esse sorriso divertido com que os políticos acreditam que sempre devem acompanhar as coisas do teatro" não será substituído, da noite para o dia, pela circunspecção que eles reservam para os assuntos sérios.

[...] Não basta apoiar os homens de talento contra os inimigos e as dificuldades externas; é preciso, ainda, algumas vezes, defendê-los de suas próprias fraquezas, que são o preço de seus mais belos dons, de duvidar de si mesmos e da tentação do desânimo depois de um fracasso. Embora impedindo-se de orientar sua expressão artística, é bom encorajá-los a ir até o final de suas próprias exigências. [...]

A dedicação quanto aos criadores, para não ser fonte de decepções, não deve ser acompanhada de nenhum retorno para ele mesmo, de nenhuma preocupação com a satisfação pessoal. Seria até mesmo imprudente alimentar a esperança de manter relações agradáveis com esses homens obstinados na realização de suas obras, jamais completamente satisfeitos com o resultado alcançado e cuja sensibilidade é tão viva que rapidamente se fere. A concentração da vontade deles na mensagem que têm a dar muitas vezes os torna desatentos em relação aos outros.

O restaurador de uma política artística deve esperar ser despedaçado, vilipendiado e caluniado, pois o campo das artes é o das paixões, e muitos artistas — são milhares — tendem a considerar que o Estado deve prover, para cada um deles, glória e riqueza. Decepcionados, eles se transformarão em outros tantos inimigos pessoais.

São numerosos os políticos que extraem de seu civismo a vontade de enfrentar a injustiça quando têm certeza de ter razão. Aqui, o consolo estará ausente, pois é obrigatório assumir o risco de errar. No momento de uma nomeação, quando tiver tomado todas as precauções, quando tiver considerado a obra do artista e seu caráter, o ministro forma uma convicção que basta para justificar sua decisão. Mas não é possível ter certeza. Com efeito, sejam quais forem as garantias dadas pelo presente e o passado, o futuro continua cheio de imprevistos, principalmente quando é preciso passar da atividade privada para um cargo público.

[...] Repelir o risco de escolher seria trair as obrigações de seu cargo. Esse risco é muito bem aceito em setores em que as consequências financeiras são muito mais importantes. [...]

No campo da arte, em que as verbas em jogo são modestas, seria tanto mais imperdoável recusar-se a assumir a responsabilidade, quando se conhece, pela história da III República, quais seriam os efeitos dessa carência.

POR UM MINISTÉRIO DAS ARTES[1]

ROBERT BRICHET

Robert Brichet foi alto funcionário da Secretaria de Estado para as Artes e as Letras. No artigo "Pour um ministère des Arts", publicado em 1956 nos Cahiers de la République, *ele critica o abandono em que a III República[2] deixou a política artística da França e o estado lamentável da vida cultural no final da IV República. Ele idealiza e propõe a criação de um verdadeiro Ministério das Artes, detalhando suas tarefas e sua organização. Esse texto, que será lido atentamente pelo primeiro-ministro Michel Debré nos últimos meses de 1958, apresenta a organização necessária para instaurar uma política cultural.*

A III República, notável por sua política econômica, social, colonial, não teve política das artes.

Houve grandes artistas — especialmente na pintura —, mas pode-se muito bem dizer que foi apesar do poder público.

Poderíamos dizer que isso prova que a arte está dotada de tanta vitalidade que ela não precisa nem um pouco do Estado.

[...] Entretanto, esse direito à cultura foi afirmado pela Declaração Universal dos Direitos do Homem. A esse direito do homem, corresponde um dever do Estado: permitir que aquele o exerça.

Ora, nos dias de hoje, apenas uma minoria participa dos benefícios das Artes. Uma aristocracia sempre pode comprar pinturas, móveis de estilo, ouvir grandes concertistas, aplaudir um balé no teatro de Ópera ou alguma reprise no Théâtre-Français, pagar o preço da entrada para ridicularizar Picasso no museu de Antibes ou admirar o espetáculo "Som e Luz" de Versalhes.

Os outros só podem escutar rádio ou assistir ao desfile de 14 de julho. Não se deveria frustrar o povo por mais tempo.

---

[1] *Les Cahiers de la République*, dez. 1956, pp. 78-92. Publicado em *Les Affaires culturelles au temps d'André Malraux*. Paris: La Documentation Française/Comité d'Histoire du Ministère de la Culture, 1996, pp. 329-42.

[2] A III República foi o regime político da França entre 1870 e 1940, o primeiro a durar mais amplamente depois da revolução de 1789. Depois dessa data e da queda da monarquia, a França teve sete regimes políticos: três monarquias constitucionais, duas repúblicas e dois impérios. Com a derrota para a Alemanha, encerra-se III República. A IV se instaura após a derrota da Alemanha nazista, com a ascensão de De Gaulle.

A IV República deve se recompor, tornar-se uma grande República democrática e nomear um ministro responsável pela importante missão de elevar o nível cultural da nação.

[...] Tendo sido reconhecida, em certas épocas, a especificidade dos problemas relativos às Artes, pensou-se ter encontrado a solução das dificuldades assinaladas criando-se uma secretaria de Estado para as Belas--Artes ou para Artes e Letras.

A intenção é excelente. Ela tem o mérito de afirmar que existe um grupo de questões que têm tal afinidade que justificam uma direção governamental em comum.

Esse é o limite dos benefícios de uma secretaria de Estado, pois a secretaria de Estado assessora um ministro, no caso o da Educação Nacional.

[...] Deixo de lado outros inconvenientes da secretaria de Estado, para concluir que só um ministro das Artes, tendo plena autoridade de ministro, responsável por sua política, dedicando-se totalmente à solução dos problemas apresentados pelas artes, pode ter alguma esperança de alcançar sucesso em um empreendimento difícil, porém essencial para o presente e o futuro da nação.

Estando criado o ministro das Artes, como sua política será concebida? [...]

[...] Ele terá de: — elevar o gosto do público, — ajudar os artistas, — conservar o legado do passado.

O ministro das Artes deverá ensinar o público a apreciar a arte, incentivá--lo a desenvolver sua sensibilidade artística através de uma educação que irá mais sugerir do que impor.

A arte deverá ocupar um lugar de destaque no ensino, pois é conveniente reforçar o sentimento criador da criança. Estudos excelentes foram feitos por especialistas sobre o valor educativo da arte, sobre o auxílio que pode dar para a formação da inteligência da criança.[3] Deve-se regulamentar um método, pois as atuais "atividades artísticas" estão bem caóticas.[4]

Essa missão de educar também terá muitas consequências em relação aos adultos.

O Estado pode dar a plena medida de sua ação ao construir um quadro digno do homem civilizado do século XX. A arquitetura, graças à beleza

---

3 Ver o Congresso de Atenas, 1955.
4 Ver R. Gloton, "Les activités artistiques à l'École", *L'Éducation nationale*, 22 nov. 1956.

dos monumentos oferecidos constantemente à visão do público, irá desempenhar nisso um papel principal.

[...] A educação do público também será feita nos museus. É por isso que estes deverão ser enriquecidos. Mas é preciso não perder de vista que a educação artística deve ser feita em todos os lugares e todos os dias.

[...] A arte viva estará presente na vida cotidiana, mesmo nos objetos de uso comum. Um lustre na mesma qualidade de um palácio, um automóvel como uma sinfonia, uma cafeteira como uma estátua, podem ter virtudes educacionais.

A estética industrial, cuja ação é constante e profunda, não irá deixar indiferente o ministro das Artes.

[...] O cinema também terá grande participação no trabalho de educação da nação. Algumas vezes o aspecto comercial e industrial do cinema talvez tenha feito esquecer que ele é, em primeiro lugar, uma arte, além disso dotada de um poder excepcional de evocação. Convém usá-lo amplamente.

O Estado irá facilitar a difusão da arte construindo salas de concerto, ajudando a edição de músicas (especialmente de obras modernas), subvencionando as orquestras sinfônicas. Ele terá uma política financeira racional em relação ao teatro, irá evitar que pague impostos ao mesmo tempo que o subvenciona; uma política de descentralização artística poderá dar influência cultural ao interior, que, em geral, não a possui, daí sua pequena atração.

[...] O apoio do Estado aos artistas deve ter como único objetivo facilitar o nascimento da obra de arte. O Estado, quanto a ele mesmo, não tem de intervir na criação artística, como já foi dito, mas graças a ele podem ser melhoradas as condições materiais para a criação. [...]

A seguridade social será tão mais indispensável para os artistas, quanto estes, por natureza, são imprevidentes. [...]

[...] Em suma, há todo um campo econômico e social da arte que tem sido pouco explorado porque é árido e sem grandeza. Nem por isso ele é menos essencial para a vida do artista.

[...] Enfim, o ministro das Artes deve dedicar-se à manutenção das obras do passado. [...]

Sendo o Estado o único possuidor dos meios científicos, técnicos e financeiros para preservar o patrimônio artístico nacional, é a ele que cabe construir, equipar os museus, organizar racionalmente a pesquisa arqueológica, conservar os monumentos antigos, apresentá-los com dignidade ao público, criar a documentação científica moderna, indispensável ao estudo dos monumentos e aos trabalhos de restauração, equipar e enriquecer as bibliotecas, criar os serviços de bibliotecas itinerantes, de dar, aos depósitos de arquivos, o material que tanto lhes falta.

O Ministério das Artes irá surgir como um ministério cultural e social defendendo a arte sob todas as formas, dando aos franceses o exercício de seu direito à cultura. Além disso, esse ministério será um ministério que tem contato com a economia nacional em mais de um ponto quando se considera o número de pessoas que se dedicam à criação artística ou gravitam em torno dela: fornecedores de matéria-prima, comerciantes de quadros, antiquários, restauradores de obras de arte, pintores, escultores, atores de teatro, bailarinos, decoradores, maquinistas, eletricistas, músicos, fabricantes de material ou de instrumentos musicais, de aparelhos para cinema, editores, livreiros, atores de cinema, arquitetos, conservadores, desenhistas, controladores, jardineiros, vigias etc.

[...] À luz do que acaba de ser exposto, a organização do Ministério das Artes deveria compreender quatro diretorias gerais e uma secretaria geral:

1. A diretoria geral da Conservação;
2. A diretoria geral de Ensino das Artes;
3. A diretoria geral das Letras, do Teatro e do Cinema;
4. A diretoria geral da Construção e da Decoração.

(segue-se uma descrição minuciosa da missão dessas diretorias[5])

[...]

O Ministério das Artes, para realizar sua missão, deverá enfrentar o ministro das Finanças, mas, quando se apresentar com um programa sério, estudado, escalonado, terá o apoio da opinião pública e do Parlamento, pois a IV República não irá aceitar a oposição que se manifestou na III República e que fez que Jean Zay dissesse:

> "Não havia mais dinheiro na França para nada de útil e fecundo... O dogma do equilíbrio orçamentário fornecia uma arma preciosa contra as reformas democráticas e a chantagem financeira permitia jogar abaixo os governos que não agradavam".[6]

[5] NDR.
[6] Jean Zay, *Souvenirs et solitude*, p. 73.

A CULTURA E O ESTADO[1]

GAËTAN PICON

Gaëtan Picon, diretor geral de Artes e Letras (1959-1966), trata, neste texto, da intervenção do Estado no campo cultural e ilustra com inúmeros exemplos a nova política do jovem ministro André Malraux.

A intervenção do Estado no campo da cultura contemporânea coloca-o frente a uma nova responsabilidade.

O Estado não corre nenhum risco quando traz para o conhecimento histórico, para o ensino, sua ajuda e seu cuidado: o passado que é ensinado é transmitido já julgado àqueles que o ensinam. Não corre grande risco quando ele intervém no setor do lazer: o riso do público o garante. Mas se ele se liga a uma ação de difusão cultural no sentido em que nós a definimos, não será ele acusado de dirigismo arbitrário? Aqui, não se trata mais de transmitir valores, com efeito, mas, sim, de escolhê-los. [...]

E depois, para dissipar essa objeção do dirigismo arbitrário que não deixarão de nos fazer, existe um argumento irrefutável. Não é possível deixar de escolher: escolhe-se sempre.

A doutrina implícita da III República foi de limitar a ação do Estado à objetividade do ensino e de abandonar a criação artística a uma liberdade descontrolada. Deixando que Verlaine e Gauguin morressem na miséria, o Estado não se sentia nem um pouco culpado: era respeitar mesmo a criação ao não intervir. A existência do poeta ou de pintores malditos atestava a boa vontade do Estado, sua tolerância. Essa seria uma posição perfeitamente defensável se o Estado não se permitisse, ao mesmo tempo, toda compra de quadros de artistas vivos... Mas o Estado jamais deixou de encomendar quadros ou libretos de ópera, de distribuir medalhas de honra ou mesmo de auxiliar escritores, pensadores, artistas. Em 1900, o relator do orçamento

---

[1] Trechos da conferência pronunciada em Béthune em 19 de janeiro de 1960. Publicado em *les Affaires culturelles au temps d'André Malraux*. Paris: La Documentation Française/Comité d'Histoire du Ministère de la Culture, 1996, pp. 345-54.

das Belas-Artes recomendava um grande ecletismo, "uma representação proporcional da Arte". Mas não se comprava um quadro de Cézanne enquanto ele começava a fazer parte de coleções e museus estrangeiros. Dentre todos os grandes artistas — incontáveis! — que viveram no final do século XIX, somente Rodin recebeu ajuda: graças à amizade com Clemenceau.

Não se pode deixar de escolher. Recusar os impressionistas, que Hugo von Tschudi comprava em Berlim, era fazer que Bonnat e Bouguereau entrassem no Luxemburgo. Nesses últimos anos, havia apenas um teto a ser decorado no Louvre; agradeçamos a Georges Salles por tê-lo confiado a Braque.

A III República escolheu sem acreditar: mas ela escolheu pior do que Luís XIV ou mesmo Napoleão III. Atenta aos escândalos do passado e associada a uma ação crescente do Estado, a IV República teve a tendência de escolher de tudo um pouco, a dispersar seu objetivo.

Hoje em dia, ninguém contesta que é preciso que os novos Cézannes façam parte de museus; mas, ao mesmo tempo, deseja-se que o novo Bonnat, os novos Carolus Duran, também façam parte. Portanto, apoia-se muito o que não merece; não se apoia bastante aquilo que merece. Para a flor mais preciosa (e que custa mais) do que as outras, é preciso mais do que a gota do regador igualitário...

Devemos lembrar o conselho de Descartes: quem quer sair da floresta não deve ir em todas as direções ao mesmo tempo. Quem quer encontrar a cultura viva não deve ter medo de nomeá-la, de escolhê-la.

A criação de casas de cultura é a resposta a esse reconhecimento de um estilo contemporâneo e à vontade de comunicá-lo a todos aqueles que são dignos disso.

Essa criação, contudo, diz respeito ao futuro.

Para o presente, no que os atos e projetos imediatos do Ministério envolvem a noção de cultura no sentido em que nós a definimos?

Com verbas aumentadas e a autoridade incomparável de seu ministro, o Ministério de Assuntos Culturais continua, em muitos campos, a excelente atuação de seus precursores a partir da Libertação: no campo da descentralização dramática e lírica, por exemplo.

Sob outros aspectos, contudo, percebe-se bem que a ação do novo Ministério orienta-se em função de um reconhecimento oficial, ainda nunca mencionado, da arte viva.

Como prova, não quero mais do que a atribuição do Grande Prêmio Nacional das Letras a Saint-John Perse, ou do Grande Prêmio Nacional das Artes a Max Ernst.

O esforço para reconhecer e para conservar na França a arte viva irá inspirar nossa política em matéria de compra de obras contemporâneas; e, para que o público seja o juiz, no final do exercício faremos, pela primeira vez, a exposição das compras feitas pelo Estado.

No campo do teatro, é a preocupação com a arte ao vivo que ditou nosso apoio a Roger Planchon, talvez o mais original de nossos jovens diretores, discutido porque existente.

É a preocupação com a renovação do repertório e da montagem que ditou a separação das salas da Comédie-Française. É preciso que haja um conservatório, um museu de arte dramática; a Comédie-Française não pode ser isso ao mesmo tempo que um laboratório. O Théâtre de France deve ser esse laboratório, entre outros.

Confiar a Jean Vilar uma sala de ensaio (a sala Récamier) corresponde à mesma perspectiva: uma única sala — o TNP[2] — não basta para conservar, aperfeiçoar e experimentar.

A iniciativa, o espírito de pesquisa, que só o Estado pode apoiar amplamente, opõe-se a qualquer rotina, e a rotina não joga apenas contra a arte ao vivo. Por exemplo, nos programas musicais, ela joga contra a arte francesa. A música francesa do século XIX e do começo do século XX deve estar muito mais presente do que agora nos programas dos teatros líricos e dos concertos.

Em suma, nosso dever é acabar com a alienação do indivíduo em relação à cultura do presente e do passado. Transformar em um bem comum um privilégio é o objetivo das casas de cultura; é o objetivo da grande exposição das reservas do Louvre que será vista em maio de 1960; é o objetivo das grandes manifestações teatrais de massa que serão desenvolvidas a partir desse ano. É o objetivo do programa de publicação que está sendo estudado pela Caixa Nacional das Letras e que irá permitir, fora de qualquer subordinação comercial, a reconstituição do patrimônio literário francês. [...]

Sim, o que é uma beleza que não existe para todos? O que é uma verdade que não existe para todos? O fato de que a cultura só existe para alguns é um escândalo que tem de cessar e que a democracia dedica-se a fazer cessar desde que ela existe.

[2] Théâtre National Populaire.

DEVEMOS PREPARAR O FUTURO[1]

JOFFRE DUMAZEDIER

Por ocasião do colóquio de Bourges, primeiro colóquio sobre a abordagem planificada das políticas culturais, em dezembro de 1964, Joffre Dumazedier, sociólogo no Conselho Nacional da Pesquisa Científica (CNRS) e membro fundador da associação Peuple et culture, ressalta, em uma perspectiva-prospectivista, a necessária consideração pelas ciências sociais do "desenvolvimento cultural" do país.

[...] Colocar o problema do desenvolvimento cultural de nosso país fora das necessidades dessa sociedade concreta a ser formada, seria, ao mesmo tempo, expor-se a construir sistemas irrealistas fora da provável dinâmica da sociedade. Espera-se um crescimento do consumo em torno de 250%. O nível de vida da maioria dos franceses, em vinte anos, será mais alto do que o da maioria dos americanos de hoje. A diminuição da desigualdade de renda continuará a ser um problema, mas será posto em outro nível. A população será 80% urbana. A expectativa de vida estará situada em torno de setenta e cinco anos. Quase a metade dos franceses terá um diploma de conclusão dos estudos secundários contra 13% em 1963. A televisão, o automóvel terão penetrado na quase totalidade das casas, como nos Estados Unidos de hoje. É nas condições de uma sociedade de massa aos poucos dominada pelo consumo de massa que temos de colocar desde já o problema do desenvolvimento cultural [...].

A elevação do nível da educação irá levar a necessidades culturais de uma qualidade superior ou a elevação do nível de vida irá limitar as aspirações da maioria só às necessidades de conforto e facilidade?

Algumas questões fundamentais são colocadas:

a) Quais são as necessidades culturais?
b) Quais são os critérios do desenvolvimento cultural?

[1] *L'Expansion de la recherche scientifique*, n. 21, dez. 1964, pp. 17-22.

c) Quais são os objetivos possíveis de curto termo e de longo termo, de acordo com os setores da vida cultural e os meios da vida social? Quais são as prioridades?

d) Qual é o melhor uso dos recursos materiais e humanos e como incentivá-lo? Como reduzir as exigências? Em suma, como planificar sem oprimir ou, melhor, como planificar para aumentar, em uma sociedade de massa, as chances de uma democracia cultural fundada na liberdade de criação, de difusão e de participação?

e) Como avaliar o rendimento das intervenções não só de curto termo, mas também de longo termo, ao mesmo tempo no plano econômico, social e cultural?

[...] No plano da pesquisa, essa reflexão leva a desejar o desenvolvimento de ciências sociais da ação cultural baseado numa difícil porém necessária aliança da pesquisa histórica com a pesquisa operacional. [...]

Esse esforço de reflexão é muito recente para tornar o desenvolvimento cultural um conceito claro e distinto. Por meio dessas diversas tentativas, contudo, divergentes em determinados planos, convergentes em outros, o desenvolvimento cultural pode ser definido em sentido amplo.

[...] O desenvolvimento cultural define-se como uma valorização dos recursos físicos e mentais do homem em função das necessidades da personalidade e da sociedade.

OS MUSEUS E SEUS PÚBLICOS[1]

PIERRE BOURDIEU

O sociólogo Pierre Bourdieu apresenta, por ocasião do colóquio de Bourges "Recherche scientifique et développement culturel", os primeiros resultados de uma pesquisa sobre o público dos museus, encomendada pelo setor de pesquisas do Ministério de Assuntos Culturais. Dois anos depois, l'Amour de l'art, que o autor publica com Alain Darbel, marca a afirmação de uma sociologia das práticas culturais, logo hegemônica.

Foi feita uma pesquisa, em maio e junho passados, em uns vinte museus franceses. A seguir, algumas constatações que podem ser extraídas dos primeiros resultados.

A parte das diferentes categorias sociais no público dos museus aparece como o inverso de sua proporção na sociedade global, sendo as classes sociais mais favorecidas as que são representadas com maior importância. Ainda mais significativa é a distribuição do público segundo o nível de instrução, que faz que pareça que o visitante característico tem diploma de ensino médio e que a estrutura do público dos museus está muito próxima da estrutura da população de estudantes distribuídos conforme a origem social. A existência de uma relação tão brutal entre a instrução e a visita aos museus basta para atestar que a escola sozinha pode criar ou desenvolver (conforme o caso) a aspiração à cultura, até mesmo a menos escolar. [...]

A CARÊNCIA DA ESCOLA

Dentre todos os fatores que agem no consumo cultural, o nível cultural (medido pelos diplomas recebidos) e o turismo parecem, portanto, os mais importantes. Deve-se notar que eles não são independentes: a frequência e a extensão dos deslocamentos estão ligadas ao nível de instrução, pela

---

[1] *L'Expansion de la recherche scientifique*, n. 21, dezembro de 1964, pp. 26-28.

mediação da profissão e dos rendimentos que ela fornece; reciprocamente, o próprio estilo do turismo e a parcela que nele tem o consumo cultural mais ou menos nobre parecem ser função do nível cultural. Quer dizer que são os mesmos que têm as oportunidades mais numerosas, mais duráveis e mais extensas de frequentar os museus e que são os que mais tendem a fazê-lo e reciprocamente. Ali está uma dessas conjunções que fazem que, em matéria de cultura, as vantagens, bem como as desvantagens, sejam cumulativas. [...]

A carência da escola é tanto mais lamentável quanto só uma instituição, cuja função específica é a de transmitir ao maior número as atitudes e as aptidões que formam o homem instruído, poderia compensar (ao menos parcialmente) as desvantagens daqueles que não encontram em seu meio familiar o incentivo à prática cultural.

AUMENTAR A VISITAÇÃO

Conclui-se dessas análises que se pode esperar construir um modelo do consumo cultural que permita prever qual será, qualitativa e quantitativamente, o público dos museus na hipótese em que nada seja feito para agir nas aspirações atuais do público (isto é, se se quiser, na demanda) e nos próprios museus (isto é, na oferta). De fato, se é verdade que a visitação aos museus e, mais particularmente, aos museus de pintura está ligada de forma direta e estrita ao nível de instrução e do turismo, segue-se, por exemplo, que o público só pode aumentar na medida em que a escolarização prolongada se estenda a novas camadas sociais e na medida em que o turismo (cujo desenvolvimento está ligado ao aumento do tempo livre e à elevação dos rendimentos) também se torne uma prática mais frequente e mais geral. Mas esse modelo também deve permitir que se determinem as ações mais bem feitas para aumentar, com o menor custo, o público dos museus, seja intensificando o hábito das camadas que já frequentam os museus, seja atraindo novas camadas sociais. Se é verdade que a prática cultural está vinculada muito estreita e fortemente ao nível de instrução, é evidente que aumentar a demanda equivale a aumentar o nível de instrução, a educação artística, isto é, a ação direta da escola, sendo o de menos se ela não redobrar a ação indireta do ensino.

A ação na oferta não pode substituir a ação, fundamental, na demanda e não pode ter uma função de facilitação ao reduzir a distância entre a oferta e a demanda, entre o nível cultural objetivo das obras ofertadas e o nível das aspirações (criado pela educação). Se, por exemplo, a apresentação de obras de diferentes níveis parece capaz de atrair um público novo, um esforço para reduzir a dificuldade das obras apresentadas (isto é, baixar o nível da oferta) ao fornecer a todos os visitantes, e principalmente, à fração menos instruída dentre eles, uma ajuda indispensável para a contemplação pode sem dúvida fazer que aqueles que já vêm ao museu tenham acesso mais fácil e mais intenso às obras, mas não se deve esperar que essa ação baste para superar as resistências e as reticências inspiradas muitas vezes pelo sentimento de inaptidão e, a palavra não é forte demais, de indignação que sentem tão vivamente aqueles que jamais penetraram nesses elevados lugares da cultura por medo de se sentirem, ali, deslocados.

INTERVENÇÃO NA ASSEMBLEIA NACIONAL EM 9 DE NOVEMBRO DE 1967[1]

ANDRÉ MALRAUX

Esse discurso visionário de André Malraux também traz à memória uma das primeiras utopias dos militantes culturais da época: a gratuidade irá permitir que todos tenham acesso à cultura.

Tudo acontece (nessa discussão) como se o Ministério de Assuntos Culturais fosse a continuação do antigo Serviço de Belas-Artes — que dependia antigamente da Educação Nacional — com uma orientação, digamos um pouco mais moderna, que seria dada por meu departamento. Ora, isso está absolutamente errado.

Definitivamente, as Belas-Artes estavam a serviço da decoração da vida; de um ponto de vista marxista, podia-se dizer que estavam a serviço da burguesia, mas importa pouco. O que é certo é que, até o retorno do general De Gaulle, o Estado assumiu funções totalmente determinadas e que, hoje, essas funções são completamente diferentes. [...]

Produziu-se um fenômeno; nessa geração única que viu a transformação do mundo, a máquina conquistadora surgiu com um poder antes desconhecido. Como sabem, não há relação nenhuma entre aquilo que puderam ser as ações das máquinas do século XIX e o que elas se tornaram hoje.

Pela primeira vez, assistimos a um desenvolvimento autônomo da máquina. Ele se baseia em um fato muito simples: a máquina e seus contextos têm tanta importância que, estatisticamente, tudo que é dinheiro dirige-se inevitavelmente para ela. [...]

É por isso que vemos o maquinário assumir esse poder extraordinário e os investimentos alcançarem proporções colossais e se dirigirem

---

[1] Extraído de *Les affaires culturelles au temps de André Malraux*. Paris: La Documentation Ffrançaise/Comité d'Histoire du Ministère de la Culture, 1996, pp. 307-9.

exclusivamente para as indústrias de ponta, constrangendo todos os países a se submeterem à lei da civilização da máquina.

Ora, pela primeira vez, essa civilização não sabe qual é a sua razão de ser. As que nos precederam sabiam o que elas eram.

O mundo moderno é a mistura de seu futuro e de seu passado; ele é extremamente pouco seu presente.

À medida que as máquinas se desenvolvem, pode-se observar um desenvolvimento exatamente paralelo na ordem do imaginário. Dizia-se que a civilização das máquinas iria fazer apenas robôs. Não é verdade, ela não faz nenhum robô porque ela aumenta e vai aumentar mais ainda o tempo do lazer, mesmo levando em conta a situação do Terceiro Mundo. Se, dentro de uma geração, chegarmos, como é provável, à semana de quatro dias de trabalho, é muito evidente que o imaginário irá desempenhar um papel gigantesco nos outros três dias.

Para satisfazer a necessidade de imaginário foram criadas fábricas de sonhos, exatamente como existem as fábricas na realidade. Essas usinas de sonhos, isto é, em suma, tudo o que está ligado às transmissões no campo da mente — cinema, televisão, rádio —, pertencem ou ao Estado ou então ao setor privado.

Quando elas pertencem à indústria particular, que objetivo elas procuram?

Com certeza não o de fornecer cultura, mas muito mais o de ganhar dinheiro. Para tanto, devem apelar obrigatoriamente ao máximo ao instinto, porque é o que rende mais.

Nossa civilização está entendendo que, de algum modo, está sendo atacada – ou sustentada, como se quiser — por enormes poderes que agem sobre a mente através do imaginário e ela quer se defender contra esses poderes.

Para isso, a civilização dispunha, outrora, da religião, que punha ordem no imaginário. Hoje, seja qual for a influência das grandes religiões no mundo, elas não governam mais a civilização. Não é a Igreja que faz o mundo nuclear. De uma ponta à outra da terra, os povos compreenderam que o que vai permitir lutar contra o grande poder do instinto era o que nos foi legado.

Não é porque os valores da mente defendidos por nós sejam antigos que eles são defensáveis. Não é porque a tragédia grega é antiga que ela é a tragédia grega: é porque ela sobreviveu. Um certo número de imagens humanas carregam tal poder — é o que chamamos de gênio — que transcendem não apenas os séculos, mas também civilizações inteiras.

Metade do que admiramos não pertence a nossa civilização. Admiramos Shakespeare, Ésquilo, Sófocles. Portanto, é indispensável que, na escala do Estado, isto é, com o maior número possível de meios, façamos que a salvaguarda seja colocada de maneira permanente face ao ataque.

Vimos incidentalmente os meios que seriam fornecidos pelo Estado, e falou-se de desoneração fiscal. Mas, senhoras e senhores, no que se refere aos teatros nacionais, deveríamos chegar não a uma mera desoneração, mas sim à gratuidade. O teatro gratuito! Parece uma utopia. Mas chegar até a Lua não era o que havia de mais utópico faz não tanto tempo? E, entretanto...

E a televisão, com uma mensalidade tão pequena, já constitui um enorme meio cultural.

É preciso admitir que, um dia, faremos pela cultura o que Jules Ferry fez pela educação: a cultura será gratuita.

O mundo moderno, o mundo da geração que virá depois da nossa, estará obrigado a fazer, pela cultura, o que foi feito para a educação primária.

POR UMA POLÍTICA CULTURAL[1]

JACQUES CHARPENTREAU

No mesmo momento em que o Ministério de Assuntos Culturais elabora sua própria filosofia e uma doutrina de ação, os partidários da educação popular preconizam outra ideia da política cultural. As propostas críticas de Jacques Charpentreau, responsável pela revista Affrontement, *defende essa lógica. Concorrente do Ministério de Assuntos Culturais, o grande movimento pela educação popular entra em crise ao mesmo tempo que reafirma sua própria posição: "Dar, ao maior número, uma certa arte de viver e a possibilidade de ter acesso à dignidade humana", ressalta um documento da Juventude e dos Esportes em 1963.*

UMA POLÍTICA A SER DEFINIDA

É preciso definir uma política cultural que possa servir como referência, e para isso é preciso definir uma meta de longo prazo. Uma política, isto é, "um modo de agir calculado" para "chegar a um determinado objetivo". Trata-se de formar um conjunto coerente, progressista e progressivo, que seja uma grande síntese de civilização. Projeto ambicioso, pois leva a perguntar qual sociedade queremos preparar, para qual estrela iremos nos dirigir, deliberadamente, por quais caminhos, por quais meios. Prospectiva, previsão, progressos, assistimos à reabilitação da função utópica depois de um longo eclipse devido, talvez, às desilusões do cientificismo. Não se trata mais de um simples sonho, ao mesmo tempo vago e minucioso, em benefício de um pequeno grupo, um falanstério privilegiado; a utopia de uma sociedade dinâmica quer ser global, ela se baseia na realidade, ela desempenha sua função no nível de uma nação que se torna grandemente responsável por seu destino, sua vocação afirma-se universal. Bem longe de negar a realidade, é preciso conhecê-la melhor para dominá-la. O pleno desenvolvimento da Pessoa dentro de comunidades acolhedoras não será o resultado de automatismos que levam a uma disposição ótima; é preciso trabalhar nisso, sabendo dar um sentido a esse trabalho, sabendo também dar-se os meios.

[1] Paris: Les Éditions Ouvrières, 1967, pp. 8-10.

A definição de uma política cultural é a forma assumida atualmente pela reflexão sobre a finalidade de uma civilização. Finalidade, para nós, quer dizer o sentido em que devemos empregar um futuro que, porém, continua em aberto.

Compreende-se agora porque nosso tempo hesita e aborda o problema de viés. Essa hesitação encontra-se em seu próprio vocabulário, pois não há como falar adequadamente em especificidade do cultural: cultura popular, educação popular, ação cultural, animação cultural, desenvolvimento cultural... Todas essas expressões nasceram da mesma dificuldade: a impossibilidade de empregar isoladamente a velha palavra "cultura", a impossibilidade de fazer dela uma entidade dissociada da vida real dos homens e das mulheres deste tempo, levando um modo de vida tão ambíguo que ele é, ao mesmo tempo, o da "civilização do trabalho" e da "civilização do lazer". Para marcar bem que a cultura é a grade que permite decifrar uma dada sociedade, que ela marca sua estrutura, que ela nasce da vida coletiva, fala-se também de "sociocultural". Deseja-se que não se trate de "fazer o cultural", como se pôde falar, um tempo, em "fazer o social". Na verdade, uma política cultural não pode ser um conjunto de técnicas, ela não pode ser uma mera afirmação de boa vontade. Seu campo é vasto, difuso, delicado, porque ele se estende da realidade cotidiana banal até a imagem ideal que é refratada nas mil facetas da consciência coletiva. Todos a levam no fundo da alma. Seu campo vai daquilo que é até aquilo que deve ser. Uma política cultural deve responder às exigências de toda política digna desse nome: a política procura traduzir na vida da cidade uma intenção de civilização e uma concepção do homem. Sua vocação ao universal brota de uma situação concreta: a nossa.

Nem o governo nem a oposição puderam ainda definir claramente uma política cultural. A oposição se prende a alguns grandes princípios do "direito à cultura", da transferência de verbas, como se uma política não fosse mais do que uma questão de dinheiro. Ela bem que é isso, mas ela também é outra coisa. É essa "outra coisa" que é importante definir.

Por seu lado o governo, parece, antes de mais nada, ser sensível ao prestígio, aquele das medalhas olímpicas ou dos grandes empreendimentos. Há coisa mais grave, porém. Tudo acontece como se tivesse sido estabelecida uma separação entre uma cultura para a elite (garantida pelos "profissionais" de que se ocupa o Ministério dos Assuntos Culturais) e uma cultura para a massa (animada pelos "amadores" da Juventude e dos

Esportes). A velha separação que se vem prolongando desde a Renascença entre as artes nobres da elite e as artes populares de massa seria, assim, transformada em institucional. Com certeza essa divisão não pode corresponder ao objetivo de uma civilização. Isso seria inquietante. O lugar colossal deixado para as competições esportivas, as grandes encenações das comemorações públicas do governo, o cuidado pela conservação do passado, maior do que o reservado para a criação, as reuniões notáveis, todas essas manifestações calculadas do poder serão sinais objetivos de uma escolha? Elas correspondem, sem dúvida, a situações históricas, a temperamentos, aos homens que estão bem colocados; mas as realizações de fato, sempre muito atrasadas em relação às promessas do Plano, acima de tudo dão impressão de um empirismo que muitas vezes depende antes de um feliz acaso do que de uma escolha feita.

ASFIXIANTE CULTURA[1]

JEAN DUBUFFET

Além do contexto marcado por maio de 1968, Jean Dubuffet, adepto da art brut, *denuncia neste panfleto todas as formas institucionalizadas de cultura. Ele defende uma "desculturação" progressiva, propriamente revolucionária, e propõe o retorno a uma criação individual e pessoal, feita por todos.*

Não nos enganemos: a casta abastada, auxiliada por seus serviçais (que não aspiram mais do que servi-la e inserir-se nela, alimentados pela cultura elaborada por ela para sua glória e devoção), de modo nenhum está tentando, quando ela abre seus castelos, seus museus e suas bibliotecas ao povo, fazer que este, por sua vez, tenha a ideia de se dedicar a criar. Não são escritores, nem artistas, que a classe abastada, graças a sua propaganda cultural, pretende despertar: são leitores e admiradores. Muito pelo contrário, a propaganda cultural se dedica a fazer que os administrados sintam o abismo que os separa desses tesouros grandiosos cuja chave está nas mãos da classe dirigente e que sintam a inutilidade de todo objetivo de fazer obra criativa válida fora dos caminhos balizados por ela. [...]

A cultura, como deus simbólico, não pede aos ministros de seu culto mais do que cerimônias votivas, devidamente associadas às festas patrióticas; no que o senhor Malraux se destaca, aos brados de Eurípides e de Apeles, de Virgílio e Descartes, Delacroix, Chateaubriand e todas as outras glórias de seu paraíso. Suas orações, ao som de bimbalhar de sinos, são do mesmo tom que os sermões de Páscoa, e, para declamá-las, ele assume os ares exigidos de grão-sacerdote. A retomada da atividade cerebral pessoal não tem maior participação em toda essa desordem em sua própria mente do que na de seus auditores, que não são bobos, pensando só que assistir a essa missa uma vez, de vez em quando, e fazer seus deveres no ministério de oficiantes intercessores os deixa livres de operar por si mesmos. [...]

---

[1] Paris: J.-J. Pauvert (editor), 1968.

A posição atual assumida pela cultura e seus corpos constituídos de especialistas e funcionários inscreve-se dentro de uma corrente geral de infiltração (e de confisco) em todas as atividades para proveito de um corpo de especialistas, e ela se inscreve, aliás, também, dentro de uma corrente geral de unificação em todos os campos. A mística da época é, em todos os campos, selecionar e concentrar. Essa mística está, evidentemente, relacionada com a moda atual de concentração de empresas industriais e comerciais. Se essa concentração, no fim, é ou não lucrativa, em que é lucrativa, para quem é lucrativa, com certeza não é assunto meu. Ela expropria responsabilidades e iniciativas em proveito de algumas pessoas em número muito pequeno. Passando desse plano econômico ao plano da atividade do pensamento e da criação de arte, essa expropriação que se quer impor às multidões em proveito de um número muito pequeno de especialistas é, com certeza, muito prejudicial. Nesse campo, é nocivo tudo o que tende para a hierarquização, para a seleção, para a concentração, porque o resultado é esterilizar o vasto, o incontável e abundante terreno fértil das multidões. A propaganda cultural age propriamente na forma de um antibiótico. Se existe um campo que, ao contrário da hierarquização e da concentração, exige a proliferação igualitária e anárquica, é seguramente esse. [...]

Simplificador, unificador, uniformizador, o aparelho da cultura, baseado na eliminação dos refugos e dejetos, sobre o princípio de filtrar para guardar apenas o mais puro de sua gangue, só consegue, no final, esterilizar os brotes. Pois é justamente dos refugos e dejetos que o pensamento teria extraído seu alimento e sua renovação. Imobilizador do pensamento, o aparelho cultural, chumbo nas asas. [...]

Nosso aparelho de distribuição da cultura, formado pelo imenso número de prepostos do estado, de professores, escritores, comentaristas e todos os comerciantes, especuladores e agentes de comércio, vem formar um corpo tão desajeitado e parasitário quanto é a rede de intermediários na distribuição de produtos agrícolas e industriais que devora todo o lucro. No campo focado das produções de arte, não se trata aqui em nosso pensamento de lucro pecuniário (aliás, também se trata disso, mas não tem importância) mas de lucro em prerrogativas, pois esse corpo de distribuidores parasitas, na medida em que se torna mais forte, adota a ideia, e procura impô-la, de que a arte é assunto de interpretação e de divulgação mais do que de criação e que, assim, os verdadeiros produtores nesse campo não são os artistas, mas aqueles que apresentam as obras destes e que as fazem ter sucesso. [...]

A cultura é a ordem, é a palavra de ordem. O que é livremente consentido é aquilo que é mais debilitante. O livre consentimento é a nova arma dos novos impérios, fórmula engenhosa e que funciona melhor do que a força, a *ultima ratio regum*, a derradeira razão do rei. Os órgãos de propaganda cultural constituem o corpo oculto das polícias do Estado; eles são a polícia glamorosa. [...]

A espantosa — quase geral — mobilização dos espíritos em benefício da política e do civismo desequilibrou o ponto de vista de todos em todos os campos — ético, estético etc. — em relação à vertente *social* da coisa considerada, sua repercussão social, seu *alcance* social. Era preciso prever que aquilo que, no nível individual, leva o nome de produção de arte ou do pensamento iria, igualmente, ver-se convertido em seu homólogo — seu ridículo homólogo — que traz, no nível social, o nome de cultura. De fato, não deixamos de assistir a essa permutação variada de uma triunfal valorização desse rótulo de *Kultur*, que parecia a todos, faz cinquenta anos, tão burlesco. Com o advento desse rótulo só faltava dotar a nação de um ministério da *Kultur*; e vejam só, agora nós o temos. [...]

Foi injusto eu ter falado de um Ministério da Cultura, o ministério encarrega-se mais precisamente da aculturação.

Definitivamente, a posição fértil é a de recusar e contestar a cultura, mais do que a simples incultura. Esta última sem dúvida é a mais perigosa por tornar presa fácil da aculturação e conduzir seu homem à docência grotesca na Sorbonne ou à grotesca Academia de Belas-Letras. Ressaltemos, entretanto, que o que deve ser considerado é o grau de firmeza da postura de revolta e o tamanho de sua extensão. Não importa, depois disso, que ela emane de um homem mais ou menos instruído, como é igual, para voltar à imagem dos móveis, para quem os joga fora, que eles sejam pobres banquinhos ou sofás de brocado, sua recusa da posse em todos os casos permanecendo a mesma e a única coisa importante. O importante é ser *contra*.

Agora seria hora de fundar institutos de desculturação, uma espécie de ginásios niilistas, nas quais seria dado, por monitores especialmente lúcidos, o ensino de descondicionamento e de desmistificação abrangendo vários anos, de modo a dotar a nação de um corpo de negadores solidamente treinados que mantenha vivo, pelo menos em pequenos círculos isolados e excepcionais em meio ao grande alagamento geral da concordância cultural, o protesto.

EXTRATOS DO DISCURSO SOBRE O ORÇAMENTO NA ASSEMBLEIA NACIONAL, EM 9 DE NOVEMBRO DE 1973

Maurice Druon

Maurice Druon foi ministro da Cultura de 2 de abril de 1973 a 27 de fevereiro de 1974. Homem de letras, muitas vezes espantou-se com o funcionamento da administração. A maioria de suas declarações está publicada em La parole et le pouvoir *(Paris: Plon, 1974).*

A CULTURA E O ESTADO: APOLOGIA PARA UM MINISTÉRIO

[...] Para um escritor como eu, os sete meses que decorreram desde que fiquei encarregado dos Assuntos Culturais foram, ao mesmo tempo, uma experiência e uma provação.

A experiência — para falar a verdade, pressentida, porque eu tinha refletido um pouco sobre essas coisas durante minha vida — confirmou, para mim, a diferença que existe entre a obra de arte e a tarefa do governo.

Sobre a obra de arte, decide-se sozinho; nós a desenvolvemos sozinhos e, um dia, vemos sua conclusão. A obra do governo, ou da administração, por mais que seja trabalhada, não tem nem pode ter conclusão.

[...] A provação diz respeito à paciência. Como cidadão, eu me irrito, como qualquer outro, com a lentidão administrativa. Como ministro não me irrito menos com o tempo necessário para colocar em ação toda ideia, toda reforma, toda decisão.

Deve-se reconhecer que a França, quanto a isso, não goza de uma situação particular. A lentidão, o marcar passo e, algumas vezes, a paralisia são, em todos os países e sob todos os regimes, o defeito da era tecnológica. Pode-se dizer que, por toda parte, o homem é incapaz de estabelecer as regras de funcionamento de seus novos poderes sobre a matéria, o espaço e o tempo.

Pelo menos, em um regime democrático, a lentidão da ação do governo, denunciada com tanta frequência, é uma garantia de bom senso e imparcialidade.

O Estado democrático é justamente aquele que não hesita em utilizar a demora necessária para que, antes de cada decisão, sejam solicitados todos os pareceres técnicos e organizadas todas as consultas políticas e sindicais exigidas. Mesmo assim, seria bom não abusar da demora sob pena de ver, um dia, as engrenagens se imobilizando completamente e, depois, explodindo.

Digamos que, em média, leva-se dois anos para concluir e colocar em votação um projeto de lei, dois anos para definir os textos da regulamentação e liberar as verbas que irão permitir a criação dos empregos necessários, mais dois anos para contratar, instalar e treinar os homens.

Portanto jamais é antes de seis anos que uma reforma ou uma inovação importante chega a ser traduzida em ação.

Pode-se dizer que aquele que põe um trem nos trilhos tem todas as chances de não estar na locomotiva no final da viagem. Um ministro é alguém que herda a responsabilidade pelas iniciativas de seus predecessores e cujas iniciativas serão endossadas por seus sucessores. Assim instala-se — e sob este aspecto a coisa não é ruim — uma continuidade.

O ministério dos Assuntos Culturais, primeiramente, tem uma particularidade que é a de tratar de atividades em que todo o mundo se considera competente.

Por outro lado, as pessoas que dependem desse ministério por causa de sua profissão, de suas esperanças ou de suas obsessões são, todas, pessoas que se acham insubstituíveis, indispensáveis e tendo prioridade. Eu nem sonharia em criticá-las por isso, sabendo, por experiência, conforme a definição de Valéry, que o artista é aquele que quer absolutamente uma coisa irracional, "fazer o que ninguém jamais fez e que ninguém jamais fará". O fato é que os artistas não são fáceis de administrar, e quando agradamos um é certeza que iremos desagradar cinquenta.

Isso quanto à clientela em seu sentido mais nobre, no sentido romano do termo. Quanto ao ministério propriamente dito, ele me parece carregado de dois pecados originais. Melhor confessá-los. Muitas das críticas dirigidas aos homens, aos serviços e aos métodos, tanto em um sentido quanto em outro, irão cair por terra como consequência.

Em primeiro lugar, houve na origem — insisto nisso — desigualdade de missões e de meios. E isso é muito normal. Como poderia ter sido diferente? Sempre é extremamente difícil, na criação de um organismo novo, inserir a parcela de suas necessidades dentro daquelas dos organismos que funcionam há longa data e prever quais serão suas necessidades quando esse organismo alcançar seu tamanho adolescente ou adulto.

Essa desigualdade é atenuada de ano a ano para os assuntos culturais, por uma porcentagem muito considerável de aumento do orçamento e que incide sobre valores cada vez maiores. Daqui a pouco voltarei a essas porcentagens.

O segundo pecado original diz respeito a certas atribuições ou não atribuições de competência. O Ministério dos Assuntos Culturais não surgiu do vazio. Fora das administrações ou serviços novos que ele tinha vocação para estabelecer, ele reuniu serviços públicos antigos e, então, houve cortes ou combinações em geral felizes, outras vezes malfadadas, que foram fruto de compromissos e que parecem um pouco com a divisão ou combinação dos cromossomos...

ESPAÇOS E COSTUMES[1]

Michel de Certeau

Em 1974, Augustin Girard, chefe do Serviço de Estudos e Eesquisas do Ministério da Cultura, pede que Michel de Certeau redija o posfácio da primeira pesquisa sobre os costumes culturais dos franceses. O historiador-filósofo desvia-se da lógica unicamente quantitativa e ressalta as incertezas ligadas à medição dos hábitos. Ele também defende o reconhecimento de uma "cultura no plural" — título que, no mesmo ano, dará a uma coletânea de seus textos sobre questões culturais.

O DURO E O MOLE

Primeira impressão, desconforto persistente: a cultura é o mole. A análise desliza por todas as partes sobre a incerteza que prolifera nos interstícios do cálculo, desde que ela não se limite à estatística ilusória dos signos objetivos (comportamentos, imagens etc.). Assim, as maneiras de utilizar o espaço escapam à planificação urbanística: capaz de criar uma composição de lugares, de cheios e de vazios, que permitem ou impedem a circulação, o urbanista não é capaz de articular essa racionalidade em concreto sobre os sistemas culturais, múltiplos e fluidos, que organizam a ocupação efetiva dos espaços internos (apartamentos, escadas etc.) ou externos (ruas, praças etc.) e que os inervam com inúmeros itinerários. Ele pensa e fabrica uma cidade vazia; ele se retira quando aparecem os habitantes, como frente a selvagens que irão perturbar os planos que foram elaborados sem eles.

O mesmo acontece com as maneiras de viver o tempo, de ler os textos ou de ver as imagens. O que um uso faz dos signos pré-fabricados, o que estes se tornam para os utilizadores ou os receptores, é um ponto essencial que, apesar de tudo, permanece em grande parte uma incógnita. Ali são produzidos os movimentos ou as imobilizações que não são apreendidos só pela análise dos significantes de mentalidade; permanência dos comportamentos tradicionais sob sua metamorfose exterior ou mutação de

---

[1] *Pratiques culturelles des Français*. Paris: Ministère des Affaires Culturelles/Service des Études et Recherches (SER), 1974, pp.169-75.

seu sentido apesar de sua estabilidade subjetiva; derivados dos "valores" investidos na vida de um grupo sem que ele os explicite etc. O mensurável encontra em toda parte em suas bordas esse elemento móvel. O cálculo entra aí (fixando um preço na morte de um homem, de uma tradição ou de uma paisagem), mas aí ele se afoga. A gestão de uma sociedade deixa um enorme "resto". Em nossos mapas isso é chamado de cultura, fluxo e refluxo de rumores nas cabeças de ponte da planificação.

De fato, essa região mole é explorada silenciosamente por seu oposto, o duro. A cultura é o terreno de um neocolonialismo; é o colonizado do século XX. A tecnocracia contemporânea ali instala impérios, como as nações europeias do século XIX ocupavam militarmente continentes desarmados. Trustes racionalizam e rentabilizam a fabricação de significantes; com seus produtos, eles preenchem o espaço imenso, desarmado e meio sonolento da cultura. Todas as formas de necessidades, todas as falhas do desejo são "cobertas", isto é, inventariadas, tratadas e exploradas pelos meios de comunicação. Esse sistema econômico corrói e, por fim, inverte o avanço político do século XIX, substituindo o ato da representação democrática pelo recebimento de significantes padronizados, destinando os trabalhadores ao consumo e transformando o povo em público.

O imperialismo econômico, violenta *conquista* do mercado da cultura, tem um cômico duplo: a política, que, entre nós, transformou-se em uma decoração de ideologias antigas, atrás das quais avançam os novos poderes tecnocráticos e gestionários. Nessa fachada, repete-se o colonialismo dos trustes, mas de modo ridículo. Quando as "autoridades políticas" não confessam quais são os poderes que elas servem ou quando tentam esconder a inépcia de seus programas próprios (que se resumem ao "enriqueçam-se"), elas exibem a retórica dos "valores" colhidos no passado; elas expõem os "humanismos" verborrágicos em que são relatados os temores dos abastados; elas criam frágeis milícias de "animadores" destinadas a camuflar as contradições de um regime.

PERMANÊNCIAS: A FRONTEIRA DE UM SILÊNCIO

Presa a esses aspectos conjunturais, a cultura oscila principalmente entre duas formas, sendo que uma não deixa de fazer esquecer a outra. Por um lado, ela é aquilo que perdura; por outro, aquilo que se inventa. Em um, existem lentidão, latência, atrasos que se empilham dentro da espessura das mentes, das evidências e das ritualizações sociais, via opaca, obstinada, dissimulada nos gestos cotidianos mais atuais ao mesmo tempo que milenários. Em outro, as irrupções, os desvios, todas essas margens de uma inventividade, de onde as futuras gerações irão, sucessivamente, extrair sua "cultura cultivada". A cultura é uma noite incerta, em que dormem as revoluções de ontem, invisíveis, recolhidas nas práticas, mas que são cortadas por vagalumes e, algumas vezes, por grandes pássaros noturnos, aparições e criações que traçam o poder existir de um outro dia.

Essa noite oceânica me fascina e me questiona. Ela é a humanidade vivida pelo homem mas não conhecida por ele. O sono em que ele fala sem o saber. A história e a sociologia, a economia e a política só apreendem as "resistências". Porque a ação científica ou governamental é sempre elitista, ela encontra a cultura silenciosa do número como sendo um obstáculo, uma neutralização ou um disfuncionamento de seus projetos. Portanto, o que é perceptível é uma "inércia" das massas em relação à cruzada de uma elite. É um limite. O "progresso" dos funcionários ou dos responsáveis detém-se nas beiras de um mar. Essa fronteira móvel separa os homens no poder e os "outros".

Essa visão, entretanto, é o efeito de um relacionamento das classes. Ela considera como "outro", como um horizonte desconhecido, ameaçador ou sedutor, tudo aquilo que não está de acordo com as práticas e as ideias de um meio social. A "passividade" e a "resistência" são conceitos relativos ao lugar particular em que se atribui representar o "progresso", em que se possuem meios para exercer um intervencionismo vitorioso. Hoje, essa situação pode ser modificada? Em que condições pode-se alterar a relação entre forças que constitui a maioria no limite da ação de uma minoria? (...)

A cultura, no singular, sempre impõe a lei de um poder. Contra a expansão de uma força que unifica colonizando e que não reconhece, ao mesmo tempo, seu limite e os outros, deve opor-se uma resistência. Existe uma ligação necessária de cada produto cultural com a morte, que o limita, e com a luta, que o defende. A cultura, no plural, convoca sem cessar um combate.

INDÚSTRIAS CULTURAIS[1]

AUGUSTIN GIRARD

Em 1978, Augustin Girard, diretor do Serviço de Estudos e Pesquisas do Ministério da Cultura, escreve, na revista Futuribles, *um artigo que provocou fortes reações no meio cultural. Esse "clamor" orquestrado pelo Partido Comunista foi a oportunidade para expor publicamente o impacto sempre maior dessas "indústrias culturais" na vida cultural dos franceses. É forçoso constatar, por meio dos dados econômicos e das sondagens sobre as práticas de lazer, que o fenômeno não parou de se desenvolver a partir dessa primeira constatação em 1978.*

Faz quinze anos que se assiste a três fenômenos concomitantes:
— a multiplicação por dois, cinco ou dez, conforme o país, das despesas públicas em prol da vida cultural, em vinte anos;
— a estagnação, por outro lado, da visitação às instituições culturais;
— a multiplicação por vinte, cem ou mil, dos contatos entre as obras e o público graças aos produtos culturais industriais.

Esses três fenômenos simultâneos colocam questões aos responsáveis culturais pois todas as políticas culturais, no mundo todo, são políticas para ampliar o acesso do público à cultura: democratização e descentralização são as duas palavras de ordem onde quer que um esforço explícito seja feito pelos poderes públicos.

Ora, o fenômeno constatado acima obriga a observar que o progresso da *democratização* e da descentralização está sendo realizado de modo muito mais amplo pelos produtos industriais acessíveis no mercado do que pelos "produtos" subvencionados pelo poder público.

Pode-se argumentar que essas quantificações são abusivas, que um produto cultural transmitido ou reproduzido não tem o mesmo "valor cultural" que uma obra comunicada de modo direto, ao vivo.

Seria preciso, certamente, diferenciar conforme os setores da atividade cultural: teatro, cinema, música, debates, exposições.

Mas qual seria, exatamente, a diferença de "efeito cultural" entre um filme visto numa sala de cinema e o mesmo filme visto em casa na tela

[1] *Futuribles*, set.-out. 1978, pp. 597-605

da televisão (tela que logo terá o mesmo tamanho que uma tela de cinema)? Quantos melômanos não preferem, agora, ouvir um quarteto na tranquilidade de casa, com os níveis sonoros de um equipamento de alta fidelidade, antes do que numa sala de concerto com todas suas distrações, suas distorções, seus muitos incômodos? Quando, com regularidade, na Polônia ou na Inglaterra, 60% da população assiste, em casa, a representações dramáticas de primeira qualidade, será que ela não terá um contato com o teatro mais desenvolvido do que quando pouco mais de 15% da população assiste a uma dessas representações *uma vez por ano* em uma sala de teatro? Respostas a essas perguntas devem ser examinadas bem de perto, e abstraindo-se o esnobismo capcioso.

Fora de seu impacto na vida cultural da população, o desenvolvimento das indústrias culturais tem uma incidência importante na vida dos *criadores*, em seu modo de trabalhar, em suas relações com o público e nos modos de produção da vida cultural em geral. A irrupção dos meios mecânicos e eletrônicos de reprodução e a possibilidade de alcançar públicos imensos numa única representação pela televisão apresentam problemas de rendimentos, de direitos, de modo de trabalhar que ainda são tratados caso a caso. Ao mesmo tempo, a fama de um artista passa mais, hoje, pelos meios industrializados do que pelos maiores sucessos nos auditórios. Um organista vai ficar célebre por causa de seus discos, muito mais do que pelos concertos que ele dá. Em compensação, sua fama graças aos discos irá permitir turnês de concertos e o contato com o público no mundo inteiro.

Quanto às *instituições*, seu próprio papel é questionado pela industrialização da cultura. O empréstimo de um livro na biblioteca já custa mais caro do que o próprio livro. Um filme visto na televisão custa, ao espectador, mil vezes menos do que uma entrada, e o número de espectadores-filmes é 30 vezes maior na televisão do que nas salas escuras. Será que uma cidade deve assumir os custos de uma pequena orquestra e de um auditório ou será que ela não iria gastar melhor o mesmo valor ao introduzir os estudantes à audição de discos de boa qualidade?

Assim, ao subverter os dados clássicos da vida cultural, um sistema industrial e comercial coloca-se entre o criador e seus intérpretes de um lado, e o público, do outro lado. Esse sistema tem suas próprias leis, suas estruturas, suas estratégias.

Sustentados por inovações tecnológicas que se sucedem em um ritmo cada vez mais rápido, demandando grandes capitais tanto para a produção do hardware, a criação do software quanto para a distribuição comercial dos produtos, essas indústrias culturais cada vez mais são transnacionais e envolvem produtos culturais "transnacionais" de setores culturais ou linguísticos que são muito limitados para permitir uma produção nacional.

Esse conjunto de fatos novos não pode deixar de interessar os governos, seja porque procuram encontrar nessas indústrias culturais sustentação para sua política cultural, seja porque são levados a controlar os efeitos negativos desse desenvolvimento do mercado. Por um lado, podemos nos alegrar pela ampliação do público para obras de alta qualidade (livros de bolso, música em alta fidelidade, por exemplo), pela melhoria dos rendimentos dos criadores, profissionais e técnicos (na França, por exemplo, a indústria do disco gastou, em 1976, mais de 250 milhões de francos em pagamentos aos compositores e intérpretes musicais) ou, ainda, pelo aumento das trocas culturais internacionais capazes de atingir o grande público.

[...] O objetivo do presente artigo é sensibilizar eleitos, administradores, profissionais e militantes culturais para esse fenômeno pouco conhecido que é uma certa democratização da cultura graças ao jogo do mercado. Se as indústrias culturais tiverem, de fato, o impacto que dizemos na vida cultural da população e nos modos de produção dessa vida cultural, os responsáveis pela ação do poder público não podem deixar de levar em conta esse fenômeno para a modernização da política cultural.

Os profissionais e militantes que trabalham nas casas de cultura, casas de jovens e outros elos da rede da ação cultural pública questionam-se, de fato, quanto ao impacto de suas instituições junto à população, comparado ao impacto dos outros agentes culturais, que são a televisão e o comércio. Eles constatam uma evolução substancial na vida cultural em geral, tomada em seu sentido mais amplo que inclui as atividades de lazer e de férias, bem como a representação da cultura feita pela população, e ao mesmo tempo são forçados a reconhecer a pouca influência, estagnada ou em regressão, da animação cultural nas empresas ou nas regiões das cidades. Embora profissionais, eles dizem, nós fazemos pequenos consertos, nós nos marginalizamos.

Fora do âmbito da intelligenzia, tradicional ou nova, a população parece ser mais influenciada em sua evolução cultural pela animação comercial e os programas de televisão do que por todos os esforços desenvolvidos pela rede sociocultural, baseada em profissionais e em verbas públicas.

Mesmo nas cidades onde essa rede é vigorosa, é sensível o fenômeno: ele leva os militantes — e os profissionais são também militantes — a um certo desencorajamento e ao questionamento sobre a natureza e o papel de sua ação.

Aos poucos, chega-se à constatação paradoxal que a animação cultural é elitista: ela alcança grupos pouco numerosos, já motivados, ao passo que a grande maioria das classes populares e das classes médias alimenta-se em outro lugar, de outra forma. Isso não quer dizer que as intervenções da animação cultural sejam fracassos: pelo contrário, são sucessos no duplo sentido da qualidade da comunicação e da impressão que deixa nos indivíduos que atinge.

Alguma ideia é transmitida. Mas ela continua sendo assunto de minorias, e não se tem certeza de que dobrar, multiplicar por cinco, ou por dez as verbas públicas iria resolver o problema: porque a maioria do público ficaria fora de alcance — em dez anos, foram multiplicadas por cinco as verbas dos museus na Suécia e o público aumentou apenas 25% —, ao mesmo tempo que a "institucionalização" iria engolir a animação. Seria preciso um enquadramento da população não baseado no produto nacional, por causa da burocratização inevitável, incompatível com a própria natureza da ação desejada.

Sem que, de modo nenhum, o caminho aberto pela "ação cultural" dos últimos quinze anos seja rejeitado ou fechado, seria mais interessante que ele se articulasse com o jogo das mídias e das indústrias culturais. Certamente há uma grande dificuldade em jogar com as técnicas de massa, que têm suas finalidades anticulturais, porém talvez não haja alternativa se aqueles que têm vocação para serem os guardiões da cultura quiserem ampliar seus contatos com a maior parte da população. Novas fórmulas devem ser inventadas, baseadas em técnicas novas: riscos deverão ser tomados e, por longo tempo, deverão ser aceitos muitos fracassos. Mas a necessidade está ali, a mãe da invenção. Entre a animação, que privilegia a expressão dos grupos, e a difusão das mídias industriais, que privilegia as obras, deve--se poder encontrar um modo de articulá-las, pois isso é a ligação entre as novas tecnologias e as novas necessidades sociais, no âmago da realidade efetiva. Com esse custo, a ação cultural irá sair do elitismo paradoxal no qual suas contradições arriscam confiná-la.

[...] É certo que a oferta de produtos industriais não iria conseguir substituir o verdadeiro aprendizado, longo e necessário, os contatos de pessoa a pessoa em que ele implica, a expressão e a prática indispensáveis dos grupos e dos indivíduos: mas o casamento dos dois não é impossível. Ele acontece com mais frequência do que se acredita. No final, ele é inevitável: nunca se viu uma civilização desdenhar os instrumentos que ela criou para si própria.

CULTURA, NOBREZA DO MUNDO, HISTÓRIA DE UMA POLÍTICA[1]

PIERRE EMMANUEL

O poeta Pierre Emmanuel, presidente da Comissão de Assuntos Culturais do VI Plano, 1970--1971, e presidente demissionário do efêmero Conselho de Desenvolvimento Cultural criado por Jacques Duhamel, delegado para a cultura do RPR[2] em 1979, traça um balanço sombrio da política cultural no final do setenato de Valéry Giscard d'Estaing.

O SETENATO[3] ATUAL E A CULTURA

No que se refere ao Ministério da Cultura, o fracasso da política sociocultural preconizada pelo VI Plano foi, se não organizada, ao menos tornada previsível a partir da saída de Jacques Chaban-Delmas. Estando a "nova sociedade" situada na loja de acessórios das utopias, o ministério retomava suas funções tradicionais, das quais, aliás, ninguém contesta a legitimidade. Essa política estava de acordo com os gostos e a cultura de Georges Pompidou, de quem todos sabem o interesse que tinha, nas Belas-Artes, pelas novas formas de criação. Sua grande ideia foi fundar o Centro Nacional que leva seu nome e que, de acesso fácil e comportando grandes multidões, revelou-se como um dos êxitos culturais da França, sejam quais forem as polêmicas que ele suscita no mundo da arte, e seja qual for a inércia que ameaça seu gigantismo. O Centro Georges Pompidou é um dos empreendimentos que colaboram para o brilho internacional de Paris, mas que não farão esquecer uma região subnutrida e que se tornou hipersensível ao excessivo prestígio da centralização.

Sob De Gaulle e seu sucessor, a Cultura foi entregue a grandes ministros, seja no plano político, seja por seu prestígio como criadores. Mas a morte do presidente Pompidou acarretou o fim, se não de uma certa

[1] Paris: Stock, 1980, pp. 48-56.
[2] *Rassemblement pour la République*, partido político francês, de direita, inspirado no programa de De Gaulle e hoje dissolvido. (N.T.)
[3] O mandato presidencial francês à época era de sete anos. (N.T.)

87

ideia da cultura dentro da vida social, pelo menos de uma ação contínua do poder público inspirado por essa ideia. Nada marcou essa mudança com mais brutalidade do que o rebaixamento do ministério para o nível de secretaria de Estado. Era, simbolicamente, voltar à gerência das Belas-Artes. O primeiro titular desse meio ministério, Michel Guy, deu-lhe, entretanto, um brilho tão notável não só nas áreas de sua preferência, mas em todo o campo da inovação, incluindo o audiovisual, que ele quase fez esquecer que seu ministério não era inteiro.

Ao contrário de Michel Guy, seus sucessores não tinham nenhuma competência especial em matéria de arte ou de animação. Parecia que essa pasta lhes tinha sido dada para ganhar ou recompensar sua fidelidade política, o que não contribuiu para alçar o prestígio da pasta, nem sua autoridade e, em primeiro lugar, em relação ao seu pessoal administrativo. Por razões evidentes e sem relação com a cultura, a secretaria de Estado tornou-se de novo um ministério a fim de corresponder à importância de seus dois últimos titulares, os senhores d'Ornano e Lecat. O lugar modesto atribuído à cultura no programa de governo e no projeto do setenato foi, porém, confirmado pelo acréscimo à Cultura de um outro serviço ministerial, primeiro o Meio Ambiente, a Comunicação a seguir. O próprio fato de substituir esta por aquele depois de alguns meses é testemunha da falta de concepção, para não dizer seriedade, no modo de tratar o setor subalterno da cultura.

A associação de um ou outro setor ao campo da Cultura poderia, entretanto, ter tido uma razão de ser se aqueles tivessem sido pensados como tendo uma relação com este e não sendo simplesmente justapostos a ele: mais especificamente a associação da Comunicação e da Cultura em um vasto ministério sociocultural. Essa nova denominação despertou algumas esperanças que logo negaram fogo. Na realidade, a união desses dois setores não teve sucesso porque não tinha importância: não era um conceito novo, mas uma simples associação verbal. Aliás, o ministério teve uma existência tanto melhor quanto sua mão direita ignorava o que sua mão esquerda fazia. Ninguém se propôs verificar, pelo lado de dentro, o anteprojeto das Cartas culturais, segundo as quais o ministério deve fazer "um esforço constante de inovação". Ninguém, exceto o Serviço de Estudos, criado em 1962 por solicitação do Comissariado Geral do Plano, e que continua sendo, embora modesto e mantido distante das decisões, o verdadeiro lugar da documentação e reflexão sobre as possíveis políticas culturais.

É verdade que, hoje ainda mais do que ontem — porque hoje existe comunicação —, o orçamento da cultura é apenas metade do orçamento das sociedades públicas de rádio e televisão, e que essa desproporção torna inoperante sua supervisão, mesmo se tivesse desejado exercê-la, algo a que nunca se aventurou. Além disso, na indiferença geral, a supervisão da Télé-distribution de France (TDF), ou seja, toda a infraestrutura das mídias, acaba de ser transferida para Postes et Télécommunications (Correios e Telecomunicações), o que tem sua lógica, mas é prejudicial para a autoridade do ministério. Os grandes feudatários que são os presidentes das sociedades e que recebem ordens do Élysée e não da rua de Valois só têm de concretizar, além de tudo, as (eventuais) veleidades culturais do ministério. Dentre todas as deficiências congênitas deste, essa é a mais grave e não se vê como ela possa ser remediada.

Essa é a análise política, severa porém indispensável, de um ministério que, a duras penas, atinge sua idade adulta e que perdeu toda a confiança em seu significado. Essa perda de sentido não pode ser imputada, em primeiro lugar, a seus homens, mas à imperfeição de uma máquina mal construída, à falta de vontade política em relação a ele, à mudança das ideias, às quais ele não esteve à altura nem se adaptou. Toda reavaliação da política cultural passa, portanto, por um exame básico da estrutura do ministério, do equilíbrio de suas funções, de sua definição atual ou de sua falta de definição, e da nova direção, a ser encaminhado para corresponder à sociedade dos próximos dez anos. É incontestável, entretanto, que essa reavaliação, mesmo penosa, iria mostrar a influência realmente seminal do ministério na noção de cultura e em sua popularização. A lista das novas realizações feitas em vinte anos iria provar que se trata de coisa bem diferente do que ações pontuais. Em compensação, parece cada vez mais evidente que a função conceitual do ministério em matéria de cultura diminui de importância na ideia geral que ele faz de sua atuação.

O mal de que ele sofre poderia ser fixado em três palavras: esclerose das instituições que dependem dele ou surgiram dele. O próprio ministério pouco se interessa pela atividade sociocultural. Os estabelecimentos dedicados a esta são imobilizados pela pletora burocrática, a inflação estatutária do pessoal, o corporativismo, uma autogestão que se torna uma autodigestão em benefício único desse mesmo pessoal. Mas essa profissionalização e esse corporativismo também paralisam os grandes estabelecimentos tradicionais, por exemplo, os teatros nacionais. Com despesas multiplicadas por cinco, o público diminui globalmente pela metade. As relações públicas são confiadas a equipes de sete ou oito pessoas, mas as criações novas frequentemente se reduzem a uma só por ano, ao passo que o pessoal aumenta sempre. A administração central não é o único culpado por essa inércia. A conivência objetiva dos sindicatos, cujo conservadorismo, aparentemente rival, tende para o mesmo fim, reforça a esclerose, a impotência e também o desânimo das melhores pessoas.

Por ocasião de uma recente reunião, os responsáveis culturais fizeram um difícil exame de consciência. Em primeiro lugar, eles constataram a rápida degradação de sua atividade. Depois de quatro ou cinco anos em um dado lugar, sua eficácia diminui: é preciso ir para outro lugar e, principalmente, fazer outra coisa. Daí se conclui que convém limitar no tempo os contratos dos agentes culturais. Isso pressupõe uma grande mobilidade, que não é incompatível com a descentralização, porém implica em uma autoridade central para deslocar os agentes de um lugar para outro.

Ainda mais grave do que o desgaste das pessoas, é o peso crescente das instalações, simbolizado pela casa de cultura de Grenoble. Com seus oitenta assalariados, ela desvia verbas do funcionamento e não consegue apropriar créditos para operações culturais. Contudo, nenhuma reforma parece ser possível por causa da oposição do pessoal, dedicado a reforçar o imobilismo e o *statu quo*, isto é, a vampirizar a instituição em proveito próprio.

Ao peso das instalações, junta-se a crise econômica: daí as dificuldades financeiras que impelem o Estado bem como os municípios, mesmo que de esquerda, a tentar rentabilizar a cultura. Esse fenômeno, que está no começo, terá pesadas consequências. Ele irá favorecer as atividades ligadas ao patrimônio em detrimento da criação: em compensação, ele deverá acarretar uma maior utilização do audiovisual. Mas lança os responsáveis culturais em profunda impotência.

Frente ao dinheiro, estes têm uma atitude essencialmente ambígua. Eles se irritam com os lucros que o setor privado extrai da cultura, mas não admitem que o setor público faça o mesmo. Receber dinheiro do setor privado para eles parece um atentado intolerável contra sua independência, mas eles acham natural mendigar verbas junto aos ministérios ou às coletividades locais, embora saibam que tais subvenções raramente estão isentas de segundas intenções.

Para os mais lúcidos dentre eles, a autocrítica é penosa. Em geral são gente de esquerda, generosos e convictos dos conceitos desta em matéria de cultura. Ora, o princípio da realidade os obriga a abandonar um certo número de dogmas tradicionais da esquerda e a fazer incluir, para o que der e vier, as palavras mobilidade, concorrência, rentabilidade, na linguagem idealista da cultura. Eles não chegam a se perguntar, entretanto, se a própria ideia de lugares oficiais da cultura não deve ser profundamente revista ou mesmo totalmente condenada. Nisso, eles compartilham a incerteza em relação ao próprio ministério com os que, dentre eles, questionam-se, com tanto maior insistência quanto lhe são mais chegados, sobre o pouco de realidade que tem na vida da sociedade e da cultura, oitenta anos depois de sua criação.

Mesmo um exame interno do Ministério da Cultura, por mais exaustivo que seja, não será suficiente, então, para definir uma política global da cultura, inerente ao conceito que o governo deve fazer da sociedade que lhe cabe, não só gerir, mas modelar e dirigir. De tanto falar de escolha da sociedade, arrisca-se a esquecer que nenhuma sociedade — e, em nossa época, mais do que nunca — se fixa em seu tipo. Para haver uma política da cultura, é preciso que haja um projeto dinâmico de sociedade. Mas não é proibido pensar, reciprocamente, que, para haver um projeto de sociedade, é preciso haver uma política da cultura.

O PRIMEIRO DENTRE OS PATRIMÔNIOS É O HOMEM[1]

FRANÇOIS MITTERRAND

Entrevista da Nouvelles littéraires *com François Mitterrand, candidato socialista à presidência da República: este texto é um verdadeiro programa para uma política cultural. Abaixo, encontram-se apenas alguns extratos.*

N.L. – Como o Sr. vê as relações entre o homem político e o homem da cultura?

F.M. – A história ensina que muitas vezes elas são agitadas, ora tempestuosas, ora afetuosas ou servis. É mais estreito que se pensa o parentesco profundo entre o homem político e o homem da cultura. Eu lembrava isso à Unesco: não existe, de um lado, o homem político com as mãos sujas e, do outro, o homem de criação com mãos puras.

O senso poético — em todo caso, um senso visionário — está operando no grande responsável político quando ele consegue desequilibrar a história e recriar o mundo. Ao contrário, um homem político dorme sob a máscara do homem de criação: qual poder é mais prodigioso que o do arquiteto recompondo o espaço, o do escritor subjugando seu leitor, o dos homens da mídia envolvendo seus espectadores passivos? Quantos são os homens políticos clandestinos sob a aparência de homens de cultura? Quantos os criadores insuspeitos sob o disfarce de homens políticos?

A gama não tem fronteiras: de Molière, protegido pelo poder do rei, a Beaumarchais, minando o poder do rei, passando pelos relacionamentos Voltaire-Frederico da Prússia, Diderot-Catarina da Rússia, Chénier-Robespierre, Malraux-De Gaulle ou, como lembrava Willy Brandt, as relações pessoais entre Heine e Marx, Thomas Mann e Rosa Luxemburgo, ou entre Günter Grass e ele mesmo. [...] Diversamente de outras formações políticas, não pedimos aos homens da cultura que sirvam simplesmente como decoração em nossos palanques ou como signatários de nossos comitês ou nossas petições. Nós pedimos muito mais a eles: eles estão convidados

[1] *Les Nouvelles littéraires*, 7-14 maio 1981.

a trazer livremente sua contribuição imaginativa ou crítica para nossas pesquisas. E se, amanhã, governarmos a França, os homens da cultura serão, junto conosco, os artesãos da mudança. A criação estará no âmago da cidade e não em sua beirada. [...]

N.L. – Não se pode, justamente, estabelecer uma comparação entre o século XVI e a época atual?

F.M. – De fato, a atual situação não deixa de inspirar um paralelo entre o século XVI e o século XX. Trata-se, nos dois casos, de todo um sistema de valores que se desequilibra e, primeiramente, um sistema de vetores. A intrusão da imprensa na cultura erudita, que, de repente, multiplicou os poderes do pensamento, lembra a extraordinária irrupção do audiovisual em nossa cultura escrita.

Os navegadores descobriam o Novo Mundo, nossos astronautas descobrem outros planetas. Reviravolta comparável das ordens do saber. Que crise! Que violência! E também, que me perdoem, que força vital! Vivemos uma segunda Renascença, se, ao menos, quisermos nos lembrar que, ao lado da pompa e da exaltação, a primeira não foi menos marcada pela angústia, pelo pessimismo e pela incerteza.

Devemos tomar cuidado apenas à mudança de escala. O teatro das operações não é mais a pequena Europa, mas o planeta inteiro: a bomba atômica substitui o arcabuz. E também a demografia tem algo a dizer. Agora tudo vai muito mais longe, muito mais rápido. Quantos séculos foram necessários para que a França inteira aprendesse a ler? Mas, para nós, foram suficientes trinta anos para cobrir todos os nossos telhados com antenas de televisão... [...]

N.L. – Qual deveria ser, de acordo com o Sr., o orçamento normal da Cultura na França em relação ao orçamento geral?

F.M. – Até hoje o orçamento da Cultura é irrisório. Ele partilha alguma verba aqui ou lá, sem nenhuma ambição. Com muito custo ele permite, conforme a bela expressão de Jean Vilar, financiar os "os pequenos prazeres do Rei" — Beaubourg, ontem, Orsay, hoje —, realizações preciosas, aliás, mas que não conseguiriam só elas responder às necessidades do país. [...] André Malraux já se queixava da modéstia de seus meios financeiros. Reivindicando que fossem dobrados, ele bradou à assembleia: "Três vinténs multiplicados por dois jamais dá mais do que seis vinténs". Eu retomo por minha conta essa frase: dobremos a aposta! Tanto desperdício de dinheiro público acontece em outros lugares em benefício de indústrias particulares sem controle! Acho que 1% do orçamento do Estado é um mínimo razoável, justificado pela imensidão da tarefa a ser realizada. Esse 1% mal seria suficiente para o financiamento de todas as promessas, muitas vezes razoáveis, feitas pelos sucessivos responsáveis. Lembrem-se: Malraux desejava construir uma casa da Cultura em cada região. Umas vinte foram construídas! O plano de dez anos para o desenvolvimento musical imaginado por Landowski em 1966, que comportava a implantação, em cada região, de uma orquestra e uma ópera, só foi executado dividido por três. Quinze grandes regiões (da Borgonha à Bretanha, do Languedoc-Roussillon à Córsega) ainda estão privadas de instituições musicais regionais. No atual ritmo de execução, os dez anos do plano serão desdobrados em um século!

O que dizer, então, do financiamento de medidas totalmente novas imaginadas pelos socialistas para replantar a vida cultural do país em todos seus aspectos: artes plásticas, bibliotecas, museus... Sim, 1% do orçamento do Estado é decididamente um mínimo razoável! [...]

TRECHOS DA INTERVENÇÃO DO MINISTRO DA CULTURA NA CONFERÊNCIA MUNDIAL DOS MINISTROS DA CULTURA, MÉXICO, 27 DE JULHO DE 1982

JACK LANG

Jack Lang foi escolhido por François Mitterrand em 1981 para ocupar o posto de ministro da Cultura. O discurso do México é um dos primeiros do ministro perante seus colegas de outros países. O vigor e a novidade da proposta provocaram, na época, fortes reações.

[...] Vou tratar de um único tema esta manhã, eu vou formulá-lo de um modo brusco, eu vou dizer: "CULTURA E ECONOMIA – UM MESMO COMBATE." Inútil tapar os olhos e refugiar-se no angelismo, a realidade está aqui e é incontestável. A luta de classes, nacional e internacional, afeta a arte e até mesmo a cultura. A beleza é uma arte de viver e o lucro nem sempre se ocupa com a arte ou com a vida:

"ECONOMIA E CULTURA – UM MESMO COMBATE": quanto a esse tema, gostaria de lembrar duas realidades aparentemente contraditórias.

Primeira realidade: a criação cultural e artística é, hoje, vítima de um sistema de dominação financeira multinacional contra o qual é preciso hoje organizar-se. Segunda realidade ou segundo dado, aparentemente contraditório com a primeira, paradoxalmente: é a criação, a inovação artística e científica que irão permitir vencer a crise internacional.

Primeiro ponto: Todos os nossos países aceitam passivamente, muito passivamente, uma certa invasão, uma certa imersão em imagens fabricadas no exterior e músicas padronizadas. Sob meus olhos, tenho um quadro desolador para todos nós. Ele descreve as programações de televisão em cada um de nossos países. Pode-se observar que a maioria das programações são asseguradas por essas produções padronizadas, estereotipadas, que, naturalmente, aplanam as culturas nacionais e veiculam um modo uniformizado de vida que se quer impor ao planeta inteiro. No fundo, trata-se de um modo de intervenção nos assuntos internos dos estados ou, mais exatamente, de um modo de intervenção ainda mais grave, nas consciências dos cidadãos dos estados.

Sempre me pergunto, e quando falo assim também me dirijo a meu próprio país, que, entretanto, resistiu mais do que os demais, por que aceitar esse achatamento? Por que aceitar esse nivelamento? Será esse, na verdade, o destino da humanidade? O mesmo filme, a mesma música, a mesma roupa? Vamos ficar muito tempo de braços cruzados? Serão nossos países como peneiras e devem eles aceitar, sem reagir, esse bombardeio de imagens? E sem nenhuma reciprocidade? Será nosso destino tornar--nos servos do imenso império do lucro? Desejamos que esta conferência seja a oportunidade para que os povos, através de seus governos, clamem por uma verdadeira resistência cultural. Por uma verdadeira cruzada contra essa dominação. Contra — vamos chamar as coisas pelo nome — esse imperialismo financeiro e intelectual.

Esse imperialismo financeiro e intelectual não se apropria mais dos territórios ou raramente; ele se apropria das consciências, ele se apropria dos modos de pensar, ele se apropria dos modos de viver.

[...] Em suma, acredito que cabe a cada um de nossos países organizar--se com os outros para opor, à internacional dos grupos financeiros, a internacional dos povos da cultura [...] e nossa esperança é de que, em breve, relações mais equitativas, relações mais justas, relações que respeitem mais as independências nacionais, sejam estabelecidas no plano financeiro assim como no plano político e cultural.

Segundo aspecto: a criação pode ser o motor da renascença econômica. [...] Retomando um dito de Nietzsche: "a arte não deve ser uma bugiganga que se pendura aqui, ou ali, para fazer bonito". Pelo contrário, a arte e a criação devem ocupar, em nossas sociedades, um lugar central e não apenas ornamental ou decorativo.

A arte é, primeiro, a arte de viver e deve, como tal, receber o pleno direito de cidadania em todos os nossos países. O direito à beleza é um direito do povo, e, portanto, é dever dos governantes e dos governos garantirem seu efetivo exercício. Em todo caso, essa simples convicção corresponde a uma política muito nova para nós, que foi traduzida em muitas decisões, cujo total não posso explicar nem expor aqui: duplicação do orçamento da cultura, irrigação do conjunto do território por uma vasta rede de centros de criação, estímulo para todas as formas da criação, apoio ativo às indústrias culturais e à nacional — cinema, livro, disco.

É preciso tomar, entretanto, uma precaução: que essa nova política não faça nascer uma nova burocracia, que seria o primeiro inimigo dos homens da cultura. E, no fundo, esse conceito ampliado da cultura poderia ser definido em algumas palavras: a cultura não é propriedade de ninguém. Eu já disse isso, faz pouco, ela não é propriedade de uma potência: todos os nossos povos têm sua própria vitalidade criativa, e devemos dar as costas à pilhagem e esmagamento das culturas, é o interesse de todos os nossos países. A cultura também não é propriedade de um ministério, é assunto de um governo, é assunto de uma nação. Ela também não é propriedade de uma classe, é assunto do povo. Ela também não é propriedade de uma cidade, mesmo que seja a capital; é preciso que todas as regiões de um país possam beneficiar-se com o desenvolvimento cultural. Eu também diria que a cultura não é apenas o setor público da cultura, pois, se a cultura se limitasse a isso, nós fecharíamos os olhos quanto ao conjunto do setor privado, muito importante em muitos países, especialmente no setor audiovisual, que determina nossa independência futura e que, geralmente, depende do setor privado.

E eu diria, enfim, a cultura não é propriedade de uma arte, mesmo que seja uma arte erudita; não deve haver hierarquia entre "arte menor" e "arte maior", entre "nobre" e "arte vulgar". Todas as formas de arte e de cultura e, em especial, as da vida em si, nosso modo de vida, nosso modo de amar, nosso modo de vestir, nosso modo de morar, tudo isso também é o direito à beleza se quisermos introduzi-la em certos atos da vida social e civil.

[...] Uma sociedade que reencontra o senso de invenção e da criação poderá dar mais uma vez, a cada um de nossos países, o ideal mobilizador de que precisamos para vencer a crise, e, no fundo, esses recursos principais estão aqui, em nós mesmos, e os veios inexplorados de nossa inteligência são imensos.

Eis o combate, creio, para o qual, em nosso país, tentamos hoje convidar uns e outros: libertar as energias, libertar a imaginação, libertar as forças da invenção e pensar que, no fundo, um país não deslancha economicamente se ele não deslancha intelectualmente.

A DERROTA DO PENSAMENTO[1]

ALAIN FINKIELKRAUT

O ensaio do filósofo Alain Finkielkraut é uma denúncia do relativismo cultural. A obra, de que se venderam mais de 170.000 exemplares, não está dirigida diretamente contra a política cultural do Estado, mas ressalta sua contribuição para o nivelamento dos valores.

Esse niilismo raivoso dá lugar, no pensamento pós-moderno, a uma admiração igual para o autor de Rei Lear e para Charles Jourdan.[2] Desde que leve a assinatura de um grande estilista, um par de botas vale tanto quanto Shakespeare. E tudo em harmonia: uma história em quadrinhos que combine um roteiro palpitante com belas imagens vale o mesmo que um romance de Nabokov; o que as lolitas leem, vale Lolita; um slogan publicitário eficaz vale um poema de Apollinaire ou de Francis Ponge; uma cadência de rock vale uma melodia de Duke Ellington; um bom jogo de futebol vale um balé de Pina Bausch; um grande costureiro vale Manet, Picasso, Miguelangelo; a ópera de hoje — "a da vida, do clipe, do jingle, do spot" — vale amplamente Verdi ou Wagner. O jogador de futebol e o coreógrafo, o pintor e o costureiro, o escritor e o publicitário, o músico e o roqueiro são, diz-se, na mesma medida, criadores. É preciso acabar com o preconceito escolar que reserva essa qualidade para uns e que mergulha os outros na subcultura.

Assim, ao desejo de humilhar Shakespeare, contrapõe-se o enobrecimento do fabricante de sapatos. Não é mais a grande cultura que é dessacralizada, implacavelmente reduzida ao nível dos gestos cotidianos executados na sombra pelos homens comuns — são o esporte, a moda, o lazer que forçam as portas da grande cultura. A absorção vingativa ou masoquista do culto (a vida do espírito) pela cultura (a existência costumeira) é substituída por uma espécie de confusão jovial que alça a totalidade das práticas culturais à categoria das grandes criações da humanidade. [...]

[1] Paris: Gallimard, 1987, pp.138-43.
[2] Estilista francês (1883-1976). (N.T.)

Quando disse que "É preciso fazer pela cultura o que Jules Ferry fez em relação à educação", André Malraux inscrevia-se explicitamente na tradição do Iluminismo e queria generalizar o conhecimento das grandes obras humanas; hoje, os livros de Flaubert juntam-se, na esfera pacificada do lazer, aos romances, às séries de televisão e aos filmes água com açúcar com que se embebedam as encarnações contemporâneas de Emma Bovary, e o que é elitista (portanto intolerável) não é negar cultura ao povo, é negar a etiqueta cultural a uma distração qualquer. Vivemos na era dos *feelings*: não existe mais verdade nem mentira, nem estereótipo nem invenção, nem beleza nem feiura, mas, sim, uma gama infinita de prazeres, diferentes e iguais. A democracia que implicava o acesso de todos à cultura, agora é definida pelo direito de cada um à cultura que escolher (ou chamar de cultura seu impulso do momento). [...]

O não pensamento, bem entendido, sempre coexistiu com a vida do espírito, mas é a primeira vez na história europeia que ele habita o mesmo vocábulo, que ele usufrui da mesma categoria e que são tratados como racistas ou reacionários aqueles que, em nome da "alta" cultura, ainda ousam chamá-lo pelo próprio nome.

Devemos esclarecer que essa dissolução da cultura dentro do todo cultural não põe fim nem ao pensamento nem à arte. É preciso não ceder ao lamento nostálgico sobre a idade do ouro em que as obras-primas eram recolhidas a mancheias. Velho como o ressentimento, desde as origens esse lugar-comum acompanha a vida espiritual da humanidade. O problema com que, faz pouco, somos confrontados é diferente e mais grave: as obras existem, mas tendo sido apagada a fronteira entre cultura e divertimento, não há mais nenhum lugar para acolhê-las e para dar-lhes significado. Portanto, elas flutuam absurdamente em um espaço sem coordenadas nem pontos de referência. Quando o ódio pela cultura torna-se cultural, a vida com o pensamento perde todo o significado.

RELATÓRIO SOBRE A DESCENTRALIZAÇÃO CULTURAL[1]

RENÉ RIZZARDO

O estudo solicitado pelo ministro da Cultura, Jack Lang, dizia respeito à divisão de responsabilidades entre o Estado e as comunidades locais. Este relatório, feito por René Rizzardo, antigo militante de Peuple et Culture[2] e representante de Grenoble de 1971 a 1983, faz um verdadeiro balanço da descentralização, cinco anos depois das leis de 1982 e 1983. A partir de março de 1989, René Rizzardo irá dirigir o Observatório de Políticas Culturais, estrutura de formação e de avaliação criada pelo Departamento de Estudos e da Prospectiva do Ministério da Cultura e pela Universidade de Ciências Sociais de Grenoble. O texto a seguir é o resumo do relatório.

O estudo solicitado pelo ministro da Cultura, a que responde o presente relatório, refere-se principalmente à divisão de responsabilidades culturais entre as comunidades públicas (Estado, regiões, departamentos, comunas) e às modalidades de sua cooperação.

Propõem-se poucas transferências de competência, no sentido estrito do termo, do Estado para as coletividades territoriais. O relatório preconiza uma etapa de esclarecimento do papel dos quatro parceiros, cujo resultado poderia permitir contemplar verdadeiras transferências em determinados setores.

Mas é preciso não esquecer que a descentralização cultural é, também, a difusão da cultura por todo o território, a conquista de novos públicos, o desenvolvimento da criação artística.

Trata-se, portanto, de um novo impulso, de um novo projeto, e esse projeto não é utópico. Inúmeros fatores o tornam indispensável, as iniciativas passada e presente das coletividades territoriais, a necessidade de redefinir o papel do Estado, os novos dados que marcam o setor cultural.

Esse projeto pode ser mobilizador, com a condição de levar em conta e de reduzir a inquietação que pesam sobre a descentralização, seja ela

---

[1] René Rizzardo, *La décentralization culturelle*. Relatório para o ministro da Cultura e da Comunicação. Paris: La Documentation Française, 1990, pp. 9-15.

[2] Rede de associações pela educação popular. (N.T.)

distanciamento do Estado, ou uma "recentralização regional" ou, ainda, a ausência dos cidadãos em um jogo entre os decisores públicos.

A consideração de medidas a serem tomadas para transformar a cena cultural francesa não pode dispensar um balanço, uma descrição, que é objeto da primeira parte do relatório.

DESCRIÇÃO DA SITUAÇÃO E BALANÇO DA DESCENTRALIZAÇÃO CULTURAL

As leis de descentralização de 1982 e 1983 não chegaram a tocar o setor cultural, marcado pelo papel de destaque do Estado e das cidades. As transferências de competência feitas pelas leis (arquivos, BCP) em escala departamental são julgadas positivas.

As relações entre Estado e coletividades territoriais são regidas de dois modos: a contratualização e a desconcentração, que provocam uma satisfação global. Por outro lado, a cooperação entre as coletividades territoriais, quer se trate das comunidades entre elas ou de relação região-departamento, não é bastante desenvolvida.

Esse balanço administrativo deve ser completado por um balanço cultural. Apesar do esforço financeiro das cidades e de certas regiões ou departamentos, é forçoso constatar a divisão desigual da oferta cultural e dos talentos dentro do território, bem como uma persistente desigualdade social. A parceria com a Educação Nacional, apesar de alguns avanços importantes, não produziu todos os seus frutos. Da mesma forma, ainda há muito a fazer pelos bairros urbanos periféricos e do meio rural. Enfim, os diversos setores e funções que compõem o campo cultural são levados desigualmente em conta pelas cidades, mas, sobretudo, pelas regiões e departamentos.

A essas apostas culturais junta-se um certo número de fatores restritivos que demandam novas iniciativas. O sistema predominante de financiamentos conjuntos, cujo princípio não é questionado, acarreta uma complexidade que clama por simplificação. As estruturas de cogestão e de cooperação entre Estado e coletividades territoriais devem ser reavaliados, da mesma forma que os estatutos que regem as instituições culturais. Os problemas tocantes aos empregos públicos territoriais e à formação de agentes das coletividades territoriais merecem a maior atenção, bem como a necessária avaliação das políticas culturais territoriais.

QUESTÕES E CONDIÇÕES DE UMA NOVA EXPANSÃO DA DESCENTRALIZAÇÃO CULTURAL

O relatório assinala onze objetivos às medidas propostas por ele:
- criar condições para que surja uma França culturalmente multipolar;
- conquistar novos públicos e desenvolver novas práticas;
- garantir o pluralismo e a liberdade de criação;
- inserir o desenvolvimento cultural na continuidade;
- ampliar o campo das políticas de patrimônio;
- reforçar a descentralização pela melhor integração do campo cultural;
- incentivar agentes culturais competentes e de qualidade;
- desenvolver as dimensões dos festejos e da convivialidade;
- garantir o desenvolvimento de ações internacionais;
- melhorar a coerência e a transparência da ação dos poderes públicos.

Isso passa pelo papel motor do ministério da Cultura, por uma cooperação reforçada das coletividades territoriais, pelo apoio às inovações e ao trabalho dos profissionais, pela atenção às exigências de duração e de continuidade, pelo lugar oferecido aos usuários na construção das políticas culturais.

PROPOSTAS

Pela preocupação com a coerência, as propostas concretas formuladas na segunda parte do relatório são apresentadas por nível de poder institucional. Anexos temáticos permitem uma leitura por setor cultural.

COMUNAS E ESTRUTURAS INTERCOMUNITÁRIAS

As comunas, e principalmente as comunas urbanas, são, por natureza, as células de base da vida cultural, tendo, em princípio, toda a competência e a propriedade da maior parte das instituições culturais. O relatório visa, então, menos a redefinir suas responsabilidades do que melhorar o exercício delas, especialmente através de:

- encorajar a cooperação intercomunitária por um impulso vigoroso do Estado, dos departamentos, das regiões;

- a adaptação do status e da organização dos equipamentos municipais;

- o desenvolvimento de políticas interministeriais ligadas ao desenvolvimento social dos bairros e ao melhoramento rural;

- a cooperação das cidades dentro do espaço regional ou inter-regional;

- o desenvolvimento de políticas urbanas referentes ao patrimônio (política de qualidade arquitetônica, de proteção indireta de espaços através das Zonas de Proteção do Patrimônio Arquitetônico e Urbano, de ressaltar o valor arqueológico, de valorizar junto ao público) e o exercício, sempre que possível, da conservação dos monumentos classificados;

- parceria com a região e o departamento;

- criação de uma administração cultural competente.

Fica claro que a diminuição dos encargos financeiros, que poderia privilegiar, para as cidades, as novas responsabilidades atribuídas às regiões e aos departamentos, deverá servir para desenvolver as instituições e as ações culturais e, não, para reduzir suas tarefas.

DEPARTAMENTOS

Os departamentos[3] são os parceiros essenciais das comunas, das cidades pequenas e especialmente do meio rural.

Eles ficarão encarregados dos projetos departamentais de ensino da música e da dança, e de criar estruturas de gestão associando o Estado, a região e as cidades gestionárias dos estabelecimentos. Eles se beneficiarão de uma parte das verbas do Estado atribuídas ao ensino musical.

Ficarão, ainda, encarregados da guarda e valorização do patrimônio não protegido e dos depoimentos mais interessantes sobre a vida social e econômica e estarão envolvidos no pré-inventário e sua valorização. Acordos com o Estado irão reforçar essa responsabilidade.

Participar, com as regiões e o Estado, da elaboração de projetos regionais de equipamentos culturais.

---

[3] Equivalentes aos Estados que compõem a Federação, no Brasil. (N.T.)

REGIÕES

As regiões estão bem situadas para apoiar o funcionamento em redes, a cooperação entre os agentes culturais, entre as cidades, para apoiar as relações internacionais no campo cultural, para valorizar, pelos meios adequados, a informação e a circulação dos usuários da região e do exterior.

A elas são atribuídas maiores responsabilidades, especialmente em matéria de ensino artístico pré-profissional e profissional.

Elas irão estabelecer com o Estado um mapa regional das escolas de artes plásticas e irão contribuir, com o Estado e as cidades afetadas, ao financiamento do ensino artístico sancionado por um diploma nacional.

Elas irão contribuir, no mesmo nível do Estado, para o financiamento e a organização do ensino superior dado nos conservatórios e nas escolas nacionais de música, ensino que será integrado aos projetos departamentais mencionados acima e aos mapas regionais.

As regiões serão responsáveis pelas políticas regionais de produção e de difusão musicais e serão beneficiadas com as verbas do Estado atribuídas às orquestras.

Participarão, com o Estado e com as cidades, da certificação e do financiamento de redes de difusão cultural, incluindo os estabelecimentos de ação cultural e os centros culturais de qualidade.

Serão convidadas a criar fundos de apoio ao teatro e à dança.

Elas serão incentivadas e investir na valorização do patrimônio e da cultura científica e técnica.

No que se refere aos instrumentos de cooperação Estado-região, tais como os Fundos Regionais de Arte Contemporânea (FRAC), os escritórios, as agências, contratos de objetivos serão negociados entre as duas partes para reavaliar seu papel e a participação do Estado.

Enfim, propõe-se que as regiões estabeleçam planos regionais de desenvolvimento cultural e atribuam a certas estruturas o certificado de interesse regional, para cujo financiamento elas se beneficiarão de verbas correspondentes do Estado.

ESTADO[4]

Sem querer definir o conjunto das missões do Estado, o relatório lembra quatro essenciais.

Antes de tudo, o apoio à criação artística que pede, por seu lado, uma política ativa de ajuda às coletividades, especialmente através de relações contratuais.

A redução das desigualdades geográficas irá estimular o vigoroso apoio a um certo número de instituições de interesse nacional, ao mesmo tempo que garante o desenvolvimento cultural das zonas desfavorecidas. O Estado irá agir dessa maneira para reduzir as desigualdades sociais e culturais no quadro dos procedimentos em vigor.

A terceira missão, evocada a propósito das regiões, é o apoio à formação profissional, que também deve dizer respeito à formação de administradores culturais e do pessoal do território.

Dentro do quadro, enfim, de seus poderes executivos, o Estado irá desenvolver sua política de desconcentração. Para isso, sugere-se, além do reforço das FRAC, uma melhor cooperação com os outros serviços externos do Estado e um trabalho diferenciado com os diretores dos departamentos. Em matéria de patrimônio, uma desconcentração no nível inter-regional é preconizada para a Comissão superior dos monumentos históricos e para o Conselho superior da pesquisa arqueológica.

CONCLUSÕES METODOLÓGICAS E FINANCEIRAS

Para pôr em ação as propostas precedentes, o relatório formula cinco sugestões:

- a abertura de negociações em cada região, tendo em vista definir os diferentes planos e estruturas propostos e criá-los por meio de um contrato de descentralização cultural, no prazo de três anos;

- o estudo, pelo governo, de uma eventual compensação financeira ou de um recurso fiscal referente às novas responsabilidades propostas;

- o estímulo ao engajamento, sem esperar os acordos necessários para a realização dos objetivos indicados pelo relatório;

[4] Entende-se: o Estado nacional, central. (N.T.)

- a perenização da linha orçamentária destinada às grandes obras, em benefício dos projetos de interesse nacional na região;

- o melhoramento das modalidades de gestão e a pesquisa por novos estatutos para os equipamentos culturais;

- o reinvestimento, pelas cidades, dos meios liberados pela intervenção das outras coletividades públicas em proveito de uma redução mais vigorosa das desigualdades culturais.

O SIGNO DO SUCESSO[1]

JACK LANG

Logo depois da avaliação da política cultural francesa pelo Conselho da Europa,[2] a revista Commentaire abre suas colunas para o debate. Nos albores do segundo setenato de François Mitterrand, o ministro da Cultura, que acaba de retomar a pasta da Cultura, propõe um balanço de sua atuação.

Trinta anos: uma geração. No começo, era difícil apostar que a visão quase religiosa de Malraux — "A arte é só o que sobrevive à morte" — superaria os obstáculos da administração e terminaria, trinta anos depois, em um "ministério" dotado de 16.000 agentes, e com dez milhões de verba: tanto quanto o das relações exteriores e dez vezes o do meio ambiente. [...]

1. Não se pode determinar nenhuma definição de cultura que consiga expressar, por si só, a riqueza de seu conteúdo, múltiplo e as vezes contraditório. Em Malraux, a concepção de cultura — "nobreza do mundo", "antidestino" — era indissociável dos compromissos do homem e de sua obra artística, ela colocou alto demais o diapasão das políticas culturais.

Não cabe a um ministro fixar, dentre as diversas acepções da ideia de cultura, ideia aliás recente, um conceito privilegiado por ele: etnológica ligada aos modos de vida, sociológica ligada ao uso do tempo livre, educativa ligada à transmissão do saber ou mesmo estritamente estética, ligada a uma teologia das artes e das musas... Sua função obriga a interessar-se pela cultura de seu tempo, certamente alimentada pelos ensinamentos, transmitida por ofícios e saberes, fundada nas ciências, situada face às tecnologias do som e da imagem que mudam profundamente o comportamento de todas as camadas da população, especialmente sensível àquilo que as sucessivas civilizações engendraram de melhor, bem como àquilo que a civilização contemporânea não pode inventar.

[1] *Commentaire*, n. 48, inverno de 1989-1990, pp. 710-12.
[2] *La Politique culturelle de la France*, relatório do grupo de peritos presidido por Robert Wangermée. Paris: La Documentation Française, 1988, 394 p.

Como sempre, através dos tempos, não é o poder que decreta o que é a cultura, mas a sociedade que a reconhece aos poucos, talvez com um impulso dos poderosos.

O ministro está encarregado, pelo governo, de apoiar, sem influenciar, as criações do espírito, a vida do patrimônio e sua preservação, o acesso do maior número às obras do passado ou contemporâneas. Se ele se limitasse a apoiar as artes consagradas pela história, sua tarefa seria relativamente simples. Ele se arriscaria, contudo, a se afastar das principais preocupações de seus concidadãos e não levaria o Estado a acrescentar uma pedra contemporânea a um edifício antigo. Em matéria de artes plásticas, de música, de artes gráficas, ele certamente não sabe o que será conservado pela posteridade, mas incumbe a ele dar oportunidades a todos aqueles cuja pesquisa manifesta uma exigência de beleza. Também é sua incumbência reconhecer plena cidadania a todas as expressões artísticas, e é por isso, dentro do estrito respeito pela independência dos criadores, que eu me esforcei para apoiar também as formas populares como o rock, o jazz, o teatro de variedades, o circo ou a fotografia, que até agora têm sido negligenciadas pelos poderes públicos.

Longe de ficar preocupado com a atual inflação da palavra "cultura", eu me alegro e vejo nisso, sem falsa modéstia, o sinal do sucesso dos ministros da cultura. A partir de agora, cidadãos cada vez mais numerosos reconhecem nessa palavra a parte de sua vida de onde tiram a alegria de existir e, algumas vezes, obscuramente, as suas razões para viver.

2. Depois de trinta anos de existência de um ministério encarregado da Cultura, pode-se dizer que a cena das instituições culturais foi, em muito grande parte, renovada. Isso não é uma convicção, mas, sim, uma observação. Basta lembrar como era a situação em 1959 para medir o caminho percorrido. [...]

Quer dizer que essas instituições preenchem todas as aspirações culturais da França? É claro que não, pois a demanda do público bem como dos artistas aumentou e diversificou-se. As instituições mais "férteis" são as que criam a maior curiosidade e novas necessidades. São também aquelas que sabem questionar-se, limitar o custo de seu funcionamento, fazer a parte necessária para a inovação, e, sem dúvida, deve-se dizer, que isso não é coisa fácil. Observo, entretanto, que hoje são as coletividades locais que, tomando o lugar do Estado que soube representar historicamente um papel de incentivador, dotam-se de equipamentos culturais de sucesso cada vez maior.

3. Embora as orientações iniciais do ministério da Cultura tenham certamente, no decurso dos anos, sido seguidas, é evidente entretanto que elas sofreram alguns desvios e que novas orientações surgiram no começo do atual decênio.

A proteção do patrimônio perdeu seu caráter passadista, ao mesmo tempo graças à amplidão das verbas (um milhão para os monumentos, um milhão para os museus), à modernização das técnicas de recepcionar o público e à extensão de seu campo de aplicação (por exemplo, a arquitetura industrial e comercial dos séculos XIX e XX); ela se tornou uma prioridade indiscutível.

O estímulo à criação contemporânea, por meio dos Fundos regionais para a aquisição de obras de arte pelas regiões e pelos museus, de uma política de encomendas públicas multiplicada por dez, do apoio de muito numerosas equipes de criação, conheceu um impulso sem precedentes e que foi acolhido calorosamente por toda parte.

A melhor divisão das atividades artísticas no conjunto do território foi objeto de muitas centenas de convenções entre o Estado e as coletividades locais. O atraso era tão grande — o território é vasto — que isso continua sendo um objetivo, pois ainda subsistem disparidades não sem importância. Mas faz alguns anos que se assiste a uma grande tomada de consciência relativa aos representantes eleitos pelas cidades, departamentos e regiões, e que é portadora de esperanças muito vivas. As grandes obras que tiveram êxito em Paris agora vão ser desenvolvidas no interior. [...]

A reconciliação da economia com a cultura foi uma das novas orientações introduzidas na ação do ministério e, para dizer a verdade, uma de minhas preocupações constantes. Ela se traduziu no reconhecimento da dimensão cultural de atividades econômicas (moda, *design*...), na cooperação entre criadores e empresas, no desenvolvimento do mecenato e, principalmente, na promoção das indústrias culturais. São claramente testemunhas disso a lei sobre o preço único do livro e as reformas do cinema.

Paralelamente, a tentativa de aproximar arte e vida cotidiana, de deixar lugar para a beleza na vida de todos os dias, de valorizar as práticas culturais a que se dedicam muitos dos nossos contemporâneos, muitas vezes com uma generosidade e um talento espantosos, parece-me ter sido um dos grandes eixos da ação dos poderes públicos nestes últimos anos. A Festa da Música, no meu entender, é emblemática de uma ação do Estado que abre a cultura aos ventos da vida e apela para a capacidade de iniciativa de milhões de Franceses.

Quer dizer que, para retomar a expressão consagrada, a cultura democratizou-se? Sem dúvida nas camadas médias, de modo menos evidente entre os agricultores e os operários: não se suprime, em uma geração, as desigualdades sociais e culturais que marcaram nosso século e também os precedentes: ainda mais que os fatores de transformação não estão, decerto, só nas mãos do ministro da Cultura, e que, no decorrer dos últimos trinta anos, a irrupção da eletrônica nas casas e nas horas de lazer das pessoas transformou profundamente a cena cultural.

4. Deve-se, agora, prever uma outra política para os tempos futuros? Em primeiro lugar, não se deve ceder à mania bem francesa de mudar os objetivos e os homens sob o pretexto de que todos os resultados esperados em alguns anos não foram alcançados. As políticas recentes — algumas vezes não têm mais do que cinco anos — devem ser continuadas para que tenham tempo de dar todos os seus resultados. Elas mesmas eram a conclusão de antigas intuições, de experimentações pacientes, e, em todos os lugares onde deram provas de sua fecundidade, a atitude séria é continuar, sem levar em conta efeitos de novas promessas. Aos conhecedores estrangeiros, as escolhas pareceram boas, de grande alcance e merecendo ser desenvolvidas. Por que mudá-las? Pelo contrário, certos desvios, tendo em vista maior eficácia, devem ser procurados sem cessar.

Por outro lado, o objetivo de um acesso, amplamente distribuído, aos bens culturais demanda um novo desenvolvimento. A educação das crianças, cada vez mais voltada para a formação profissional, não deixa lugar suficiente para a sensibilidade para as artes. A França não está avançando nesse campo. O caráter maciço de doze milhões de jovens presos em um único sistema educacional desencoraja qualquer iniciativa. Está aí, hoje, uma importante preocupação para o ministro da Cultura. [...]

Também me parece que os poderes públicos devem levar em conta as grandes mudanças da sociedade: sua urbanização acelerada depois da guerra, o aumento do número de idosos — pré-aposentados e aposentados —, as migrações provocadas pelas férias, criam, ao mesmo tempo, novas exclusões e disponibilidades. O Estado tem de assumir esse desafio. É a esse preço que a cultura estará presente na vida cotidiana de nossos contemporâneos.

O ESTADO CULTURAL.
ENSAIO SOBRE UMA RELIGIÃO MODERNA[1]

MARC FUMAROLI

Publicado no outono de 1991, o ensaio de Marc Fumaroli, professor no Collège de France, obtém um grande sucesso público e provoca um grande debate sobre a legitimidade da política cultural. De essência liberal, o ataque contra a política cultural do Estado é forte e se coloca dentro de um contexto político pré-eleitoral, colorido por numerosos "casos" que obscurecem o segundo setenato de François Mitterrand.

O mundo novo é um bloco. O Poder cultural não pode ser dividido e sua face midiática confunde-se com sua face pretensamente cultural. Uma se alimenta da outra, mesmo que uma faça de conta que não chega perto da outra. Sob a capa de "democratização" das Artes e Letras antigas, o Poder pretende, de fato, reservar para a exportação e o consumo de uma "elite" um "setor privilegiado" que, graças a sua grande proteção e subvenção, estaria a salvo da vulgaridade midiática "para todos". É um segredo, reservado para a oligarquia, mas é aí que se encontra o fundo hipócrita da "democratização" cultural. Nem por isso sua legitimação pela Cultura deixa de obrigar o Poder a contorções chamativas que corrompem um pouco mais sua autoridade moral e que corrompem invisivelmente a verdadeira cultura. A Cultura de Estado cada vez mais profundamente tem instrumentalizado e clientelizado as Artes e as Letras, e as comprometeu, mais do que qualquer outro país do mundo, com o teatro de revista político-midiático. Por esse viés, que fez ressurgir o regime de pensões, prebendas e sinecuras do Ancien Régime,[2] todo um mundo então turbulento e rebelado, aderiu às ideias recebidas do Poder e a uma extrema prudência respeitosa em relação a ele. A passagem de Artes e Letras aos Assuntos culturais, dos Assuntos culturais aos Lazeres culturais, dos Lazeres culturais ao apoio das culturas, cultura jovem, cultura rock, cultura rap, cultura tag, foi a derrota do espírito francês. Uma aridez

[1] Paris: Éditions de Fallois, 1991, pp. 46-7 e 252-3.
[2] Em linhas gerais, o Antigo Regime vai do século XV ao século XVIII, até o instante da revolução de 1789, e designa o poder das dinastias e aristocracias que governaram a França no período. (N.T.)

surpreendente abateu-se em todo lugar onde o talento costumava ir à frente dos desejos e aspirações do público. Um *no man's land* turbulento e muito ativo estende-se, agora, entre os "criadores", em sua gaiola mais ou menos dourada, e o público devidamente "sondado" e intimado a só desejar o que lhe é imposto pelo matraquear publicitário, qualificado de "comunicação social".

Tudo acontece no mundo novo. Se ele consegue alcançar, na França, uma perfeição que funciona tão bem, é porque ele conseguiu perverter, ali, o que era o princípio nacional: o serviço público, e associá-lo com tudo que sempre foi sua desgraça: o egoísmo, a vaidade, o cinismo dos interesses de grupos que se escondem e prevalecem na grandeza da Razão de Estado ou da partilha igual entre todos. [...]

O *Ancien Régime* levou ao Estado republicano uma tradição de mecenato artístico; a Revolução, tendo o cuidado de reparar seu próprio vandalismo, legou a ele uma tradição de salvaguardar o patrimônio. O Estado cultural extrai seus títulos de nobreza dessas duas tradições, que, de fato, são exemplares e que dependem exemplarmente da ética própria do serviço público. As vontades confusas e inconstantes que se misturam no programa "cultural" comprometeram a finalidade própria dos Museus, dos Monumentos históricos e, agora, da Biblioteca nacional. Esses estabelecimentos patrimoniais foram ou serão imersos no mercado, na publicidade, no turismo. Em vez de encorajar pela via fiscal o mecenato particular a criar Fundações sólidas, Institutos de altos estudos, cadeiras de ensino, seus recursos foram destinados, sem que ninguém fosse consultado, para uma multidão de "patrocínios" efêmeros, que em nada se diferenciam da publicidade pura e simples. No mínimo o Estado Cultural deveria reconhecer sua própria obsolescência nos inúmeros "spots" publicitários que juntam Verdi com sapólio em pó, Victor Hugo com máquinas de lavar, e que colocam à disposição de todos, de fato, as "obras-primas da humanidade". A Cultura tende a não ser mais do que o letreiro oficial do turismo, do lazer, do shopping.

Isso tem dupla função. Cada coisa em seu lugar. O Estado cultural mantém a confusão lá onde a tarefa do Estado, acima do mercado, deveria ser de estabelecer regras, limites, esclarecimentos. Uma parte das preocupações do ministério da Cultura diz respeito, na realidade, ao ministério do Turismo e do Tempo livre. Em compensação, um ministério do Patrimônio deveria colaborar de perto com o da Educação nacional. Dessa colaboração, poderiam nascer emissões de televisão educativas e de qualidade. Livres da tirania das ciências sociais, os novos humanismos, associando a história da arte, da literatura e da filosofia, dissociando do discurso ideológico o estudo de textos e de obras, devem encontrar e encontrarão seu lugar na educação, ao lado da história da música e do teatro. A atual administração da Cultura, erguida sobre o ódio às Academias, funciona na realidade como uma caricatura da Academia do Renascimento e de sua cultura das nove Musas. De fato, lá se encontram todas as artes, asfixiadas por uma pretensão burocrática à criatividade. Mas é uma Academia truncada, onde não se cultiva, a não ser sob o nome abstrato de Leitura, nem as Letras, nem a História, nem a Filosofia. É o último lugar em que todas as Musas poderiam formar um coro e cantar, com sua mãe, a Memória. Mas essa caricatura de Academia ocupa o lugar daquilo que a França democrática precisa e que só poderia ser reformado na Universidade, para, a seguir, espalhar-se pela escola. Seria então que os Museus, os Monumentos históricos, as Bibliotecas, até mesmo os Teatros públicos, iriam reencontrar um sentido e uma fertilidade que foram incentivados a perder para dobrar-se aos imperativos da publicidade e do rebaixamento turístico. Uma política do espírito é um todo: ela abrange em um único pedaço a Educação nacional e o que se convencionou chamar de Cultura, porém é melhor voltar à denominação modesta de Patrimônio. O Estado, serviço público, não pode fazer tudo. Ele cresceu demais. Mas ele pode fazer muito e poderá fazer ainda melhor quando souber reaprender a modéstia, e deixar que os eruditos, os artistas, o público tomem a iniciativa, naquilo que ele mesmo não entende nada, em relação a sua vontade sufocante de poder, disfarçada em complacência universal.

A democracia, quando é reduzida à "sociedade de consumo", e o Estado democrático, quando se limita a gerir o consumo "econômico e cultural", perdem a alma, como se dizia ainda faz pouco tempo: em todo caso, o respeito. Ao escolher a Cultura, abandonando a ideia de Universidade que tinha sido feita pela III República, não lhe procurando um substituto digno, adaptado às novas circunstâncias, o Estado francês sob a V República deixou, insensivelmente, que a democracia fosse corrompida. É absolutamente necessária uma reforma. Já é tempo. Não é o mercado que deve ser reformado, mas a política. Ela consiste em privilegiar claramente a educação, o estudo, a ciência: na Universidade, nos Museus, na manutenção e aumento do patrimônio.

EM DEFESA DO APOIO PÚBLICO À CRIAÇÃO ARTÍSTICA[1]

JOËLLE FARCHY E DOMINIQUE SAGOT-DUVAUROUX

Resposta aos ensaios de Marc Fumaroli e Michel Schneider, este texto, publicado por dois professores universitários especializados na economia da cultura, ressalta o quanto a singularidade dos setores culturais precisa de uma intervenção do Estado.

POR UM APOIO ATIVO PARA O ATO DE CRIAR

Dois grandes modelos de políticas culturais provocam discussões hoje. O primeiro, baseado em uma ação limitada à conservação do patrimônio e ao ensino das artes, pode ser simbolizado pela intervenção do Estado na III República. O segundo, característico da política cultural da V República, ilustra uma política intervencionista que amplia o campo de ação do Estado até a criação artística. O sr. Schneider bem como o sr. Fumaroli dizem-se claramente favoráveis ao primeiro modelo e consideram que a essência dos males que eles denunciam provém da proximidade grande demais do Estado com a criação artística. De nossa parte, consideramos que a falta de apoio à criação, em um país como a França, leva, principalmente nas artes coletivas que precisam de grandes investimentos iniciais, quer ao desaparecimento da criação, quer a sua padronização. Panelinhas e academicismos constituem riscos certos de uma tal política, mas nem por isso saberiam questioná-la.

[...] Seria um erro subestimar o número de criadores de gênio que uma sociedade, seja ela qual for, pode gerar na escala de um século, da mesma forma que seria um erro desprezar os artistas contemporâneos cujas obras deixarão marcas nas gerações futuras. Além disso, ninguém pretende que o apoio aos artistas seja condição suficiente para a multiplicação do gênio criativo — mas também ninguém pode pretender que melhorar as condições de vida dos artistas mate instantaneamente sua imaginação criativa.

[1] *Esprit*, n. 195, out. 1993, pp. 185-7.

O RISCO DA PADRONIZAÇÃO

O auxílio do Estado à criação é necessário porque ele permite, não só melhorar as condições de vida dos artistas, mas também de apoiar setores que exigem grandes investimentos. [...]

Quem assumirá, então, o risco de produzir espetáculos e quais espetáculos serão produzidos? A arte floresce tanto quando o Estado se abstém de intervir? [...]

O dinheiro, numa lógica de puro mercado, só é investido onde a rentabilidade parece bastante. Esta é apreciada em função de uma razão custo unitário/mercado potencial, variável conforme os setores, conforme os países e conforme as épocas. O mercado editorial pode, assim, limitar os riscos através de uma estratégia no catálogo — o que se chama de modelo editorial — ao multiplicar os livros graças ao custo relativamente limitado da publicação de uma obra. Paralelamente, a indústria cinematográfica americana pode esperar amortizar suas produções graças ao tamanho de seu mercado interno e à influência que ela exerce nos mercados mundiais. A experiência mostra que os mercados europeus se mostram muito estritos em relação ao custo unitário do cinema para que existam de modo diversificado sem proteção. Enfim, a rentabilidade varia de acordo com as épocas. A produção dos espetáculos era, sem dúvida, uma atividade rentável no século XIX, bem como muitas outras atividades artesanais. A evolução global da economia e a concorrência com outras formas de lazer como o cinema e a televisão, suprimiram quase que toda oportunidade de enriquecer fazendo teatro hoje.

LEI DO GRANDE NÚMERO E RENTABILIDADE DIFERIDA

A valorização aleatória dos bens culturais supõe uma produção densa, único meio de multiplicar a oportunidade de explosão de sucessos, hoje, ou de fazer parte do patrimônio, amanhã. Ora, corre-se o risco de que o mercado descarte produtos aos quais falta uma rentabilidade imediata suficiente, ao passo que essa rentabilidade seria alcançada caso se pudesse, por exemplo, apreender a demanda das gerações futuras. Só a intervenção pública pode promover uma política capaz de integrar o tempo muito longo. [...]

O apoio à criação, então, é necessário, mas é preciso que ele não se oriente para obras que o próprio mercado poderia produzir. [...] Querer que as instituições públicas adotem as regras de gestão das instituições privadas é, com certeza, condená-las. Pode ser que essa adoção tenha sucesso, mas, então, a perda de especificidade do serviço público colocaria em questão sua legitimidade; se essa adoção for um fracasso, os serviços públicos iriam parecer um abismo financeiro.

Sem dúvida, é preciso uma transparência maior nas ações realizadas pelo ministério da Cultura, mas, nesse campo, é preciso não ter medo, ao mesmo tempo que se procura uma certa irracionalidade. A especificidade mesma das produções artísticas faz que a emoção e a sensibilidade dos que decidem não possam estar totalmente engessadas no momento de escolher as obras, em nome de uma louvável porém impossível igualdade de tratamento entre todos os artistas. É então na multiplicidade dos locais de decisão que se precisa procurar limitar os efeitos perversos do apoio à criação, mais do que na supressão deste ou no aperfeiçoamento de escolhas administrativas sofisticadas, certamente objetivas, mas que podem afastar o artista audacioso e fora das normas.

SOBRE OS ORGANIZADORES

PHILIPPE POIRRIER

Professor de História Contemporânea da Universidade de Bourgogne, coordenador do setor de patrimônio da Maison des Sciences de l'Homme de Dijon, publicou entre *outros L'état et la culture en France au XX siècle* (2000), *Affaires culturelles et territoires* (2000) e *Les Politiques culturelles en France* (2002).

GENEVIÈVE GENTIL

Secretária geral do Comitê de História do Ministério da Cultura da França, foi colaboradora dos volumes *Les affaires culturelles au temps d'André Malraux* (1996) et *Les affaires culturelles au temps de Jacques Duhamel* (1995).

TEIXEIRA COELHO

Professor de Política Cultural da Universidade de São Paulo, foi diretor do Museu de Arte Contemporânea (MAC) da USP, é curador do Masp e publicou, entre outros, o *Dicionário crítico de política cultural* (1997), *A cultura e seu contrário* (2009) e *O homem que vive* (2010).

OUTROS TÍTULOS
DESTA COLEÇÃO

CULTURA E ECONOMIA
Paul Tolila

A CULTURA E SEU CONTRÁRIO
Teixeira Coelho

A CULTURA PELA CIDADE
Teixeira Coelho (org.)

CULTURA E EDUCAÇÃO
Teixeira Coelho (org.)

MADE IN BRASIL
Arlindo Machado (org.)

O MEDO AO PEQUENO NÚMERO
Arjun Appadurai

A REPÚBLICA DOS BONS SENTIMENTOS
Michel Maffesoli

SATURAÇÃO
Michel Maffesoli

CADASTRO
ILUMI/URAS

Para receber informações
sobre nossos lançamentos e
promoções, envie e-mail para:

cadastro@iluminuras.com.br

Este livro foi composto em Myriad
pela *Iluminuras* e terminou de ser
impresso no dia 18 de maio de 2012
nas oficinas da *Graphium Gráfica*, em
São Paulo, SP, em papel off-white 70g.